블로그 글쓰기는

어떻게 삶의 무기가 되는가

블로그 글쓰기는 어떻게 삶의 무기가 되는가

라블로그팀 로미 × 신은영 × 윤담 × 주얼송 지음

📖 동양북스

모든 기록이 '나'입니다. 그리고 나만의 서사를 쌓을 수 있는 최고의 공간은 '블로그'입니다. 블로그는 다시 시작하는 분들을 빛나도록 도와줍니다.

★★★★★ 운동으로 에너지를 얻는 사업가, 그로우헌

내가 쓴 블로그 포스팅으로 좋은 이웃들과 연결되었어요. 따뜻한 세상을 만나는 마법 같은 일이 일어났습니다.

★★★★★ 부린이 탈출을 돕는 40대 부동산 임장 마스터, 허브오렌

당신의 인생을 바꾸는 글쓰기! 40대는 누구나 인생에 대하소설 하나씩은 가지고 있을 나이잖아요. 그 이야기의 출발을 블로그에서 할 수 있습니다.

★★★★★ 『순서만 바꿔도 대입까지 해결되는 초등 영어 공부법』 저자, 고슴도치학원 원장, Lucy연

'블로그 맛집은 무엇이 다른가?' 맛집마다 비법소스가 있듯 잘나가는 블로그엔 뭔가 특별한 게 있습니다. 블린이를 위한 친절한 안내서. 4인4색 리블로그 메이트가 다년간의 경험으로 쌓은 내공과 인사이트가 가득 담긴 책. 지속 가능한 블로그 운영 비법이 궁금한 분들께 적극 추천합니다.

★★★★★ 그림책과 글쓰기를 사랑하는 『비표준 감정사전』 작가, 제이봄

대기업 퇴사 후, 투자자의 삶을 기획하면서 블로그의 필요성을 알게 되었습니다. 방법만 이야기하는 수익화 블로그에서 방황하다가, 리블로그를 통해 '진짜 나'를 발견하고 나의 속도에 맞춰 두 번째 삶을 살아가고 있습니다.

★★★★★ 부동산 재테크 작가 겸 성장커뮤니티 리더, 워리치

10년 넘게 블로그에 일상을 기록해온 사람입니다. 리블로그를 만난 후, 제 블로그는 새롭게 정의되고 더욱 또렷하게 방향을 잡아가고 있습니다. 새싹 블로거든 N년차 블로거든 꼭 한 번은 리블로그를 거쳐가길 바랍니다.

★★★★★ 커피가 담긴 공간을 소개하는 공간설계 디자이너, 미아취향

귀를 잃고 모든 것이 멈추었을 때 만난 리블로그. 원시인 같았던 제게 블로그 세계에서 따뜻한 길잡이 역할을 해주셨어요. 덕분에 절망을 정제된 언어로 표출하며 계속 나아갈 수 있었어요. 블로그는 스스로도 치유 받고, 나의 기록으로 도움 받는 분들도 만나는 값진 공간입니다.

★★★★★ 귀 '덕'분에 다시 시작하는 제2의 인생, 귀덕

느슨하지만 때로는 단단하게. 단단하지만 언제나 다정하게. 핵개인의 시대에 함께의 힘을 보여주는 팀 리블로그.

★★★★★ 일상을 달리며 매일을 도전하는 사람, 나나v

14년차 국어교사에서 작가로, 작가에서 사업가로 점프업

처음 시작은 지금 생각해도 웃겨요.

학교에서 힘든 일이 있었고, 주변 사람들에게 말할 수 없는 상황이었어요. 뭘해도 마음이 정리되지 않아 비공개로 블로그에 글을 썼습니다. 평소 쓰던 일기장에 써도 됐는데, 왜 굳이 블로그였을까요? 특별한 이유는 없었고, 내키는 대로 쏟아낸 것이 블로그 글쓰기의 시작이었어요. 진짜 별거 없죠?

각 잡고 '나 블로그 한번 해볼까?'라고 생각했으면 지금의 저는 없었을지도 몰라요. 이유도 목적도 없었던 작은 날갯짓이 내 인생을 뒤흔들 태풍이 될 줄 그땐 정말 몰랐습니다. 혼자 하던 '일기 쓰기'가 '블로그 글쓰기'로 이어졌을 뿐인데 삶이 바뀌었습니다. 깜깜한 서랍 속에 갇혀 있던 글이 살아움직이며 소통하기 시작한 거죠. 차곡차곡 쌓인 기록은 '콘텐츠'가 되었고, 자연스레 교사에서 작가로, 작가에서 기업의 대표로 자리를 만들어주었습니다.

유명해지고 싶어서 시작한 일이 아니었어요. 눈앞에 보이는 화려함보다 그냥 '나'라는 사람이 알고 싶어서 글을 썼습니다.

'지금 이렇게 힘든데, 왜 내려놓지 못해?'
'그래서 네가 하고 싶은 게 뭐야?', '그게 왜 하고 싶은데?'
'새로운 거 하고 싶다면 뭐하고 싶은데?', '망설이는 이유는 뭐야?'

스스로 답을 찾지 못해 미뤄둔 질문들을 블로그에 하나씩 쓰기 시작했고, 답을 적어 내려가며 더듬더듬 길을 찾아갔습니다. 내가 뭘 좋아하는지 무엇을 잘하는지 모르겠지만, 이대로는 아니라는 생각이 들었어요. 학교를 그만두고 나올 때 부모님의 반대로 많이 힘들었어요. 왜 그 좋은 직장을 그만두냐고, 어떻게 들어간 직장인데 포기하냐고 이해를 못 하셨지요.

그래서, 성공했냐고요?

글쎄요. 그건 시간이 더 지나봐야 알 수 있겠죠?

자신이 어떤 사람인지, 어떤 가치를 중요하게 생각하는지 삶의 극단적인 순간을 지나야 오롯이 알게 되더라고요. 교육공무원으로서 커리어를 포기하기까지 많은 고민이 있었지만, 나에게 맞는 일을 스스로 선택하고, 나의 가치를 전하며 유연하게 일하고 싶다는 생각에 큰 결단을 했습니다. 정체성을 드러낼 땐 '콘텐츠기획전문가'로, 내 삶을 말할 땐 '글 쓰는 사람'으로, 영향력이 필요할 땐 '크리에이터'로 저를 소개합니다. 때에 따라 다른 이름으로 살아갈 수 있는 지금의 삶을 사랑합니다.

이 책에는 '블로그 글쓰기'가 어떻게 삶의 무기가 되어 인생을 바꾸는지 경험하고 깨달은 노하우를 담았습니다. 주요 내용은 자신만의 스토리를 기록함으로써 커리어를 쌓고, 인맥을 늘리며 수입까지 창출하는 법과, 한 번 만들면 평생 써먹을 수 있는 '브랜딩 블로그'를 딱 4주 만에 완성하는 법입니다. 현재 블로그 전문강사로 활동하는 리블로그팀(로미, 신은영, 윤담, 주얼송)이 쌓아온 총 33년 내공을 바탕으로 '브랜딩 노하우'와 '글쓰기 비법'이 쉽게 설명되어 있습니다.

그래서, 월급 외 수입을 꿈꾸는 직장인, 새로운 업의 전환이 필요한 사람, 홍보가 필요한 자영업자, 스펙을 쌓아 이직하려는 사람, 경력을 보유한 전업맘, 자신의 브랜드로 창업을 꿈꾸는 사람은 물론이고, 블로그를 개설만 해둔 사람, 뭘 할지 방황하는 사람까지 모두에게 도움이 되는 이야기입니다.

당신이 어떤 일을 하고 있든, 어떤 것을 꿈꾸든, 좋아하는 일로 돈을 벌고 좋은 인연을 만들어주는 '블로그 글쓰기'는 예전에도 통했고, 지금도 통하는 삶의 무기가 될 것입니다.

로미(경경미)

글쓰기를 하면서
숨겨진 강점과 재능을 발견하다

햇살 좋은 날, 빨래를 탈탈 털어서 빨랫줄에 걸어놓았다가

별안간 내린 빗줄기에 빨래가 흠뻑 젖어서 곤란했던 경험 있으신

가요?

팡 팡 팡.

햇볕 좋은 어느 날, 묵은 먼지를 털어내고 꿉꿉함을 말리기 위해 빨

랫줄에 이불을 널어두었는데. 별안간 쏟아지는 빗방울에 속절없이 젖

어버린 솜이불.

뚝 뚝 뚝.

물에 젖은 솜의 무게를 못 이기고 길게 늘어진 빨랫줄 바닥에 닿을

랑 말랑 아슬아슬한 이불 끝자락처럼 무겁고 습한 날들이 있었습니다.

어린 시절부터 저의 꿈은 '평범한 가정'을 이루는 것이었어요. 맞벌이를 하신 부모님은 늦은 저녁에야 집에 들어오셨고 오빠와 둘이 있는 시간이 많았습니다.

엄마와 아빠가 항상 함께하며 정서적으로 편안한 아이들. 가족 모두가 함께하는 저녁이 있는 삶. 함께 밥을 먹고 산책을 하며 여유롭게 보내는 평범한 일상을 꿈꾸었습니다.

그 꿈을 이루고 싶어 일을 그만두고 전업주부가 되었습니다. 30대 초반 학업과 취업, 업무, 승진, 인간관계 등 사회적인 역할들로 계속 채워나갔던 시간이 바다에 물이 차오르던 밀물의 시기였다면, 엄마가 되고 나서는 그득했던 물들이 빠져나가기 시작합니다.

그렇게 마주한 썰물의 시간.

회사에서 느꼈던 성취감, 두둑한 월급, 속을 터놓고 지내던 동료와 친구들, 심지어 믿었던 남편과 가족들까지도 모두 내 곁에 없고 시꺼먼 뻘에 홀로 남겨진 기분이었습니다. 찰랑찰랑 물이 차 있었을 때는 몰랐던 민낯의 원망, 슬픔, 분노, 미움…. 시꺼먼 감정들과 마주하는 일상이 힘들었습니다. 아이를 온전히 내 손으로 키우고 싶다는 생각으로 회사를 그만두었던 것을 날마다 후회했지요.

그러다가 마음이 너무 답답해서 우연히 블로그에 글쓰기를 시작했습니다. 그 후 블로그는 내가 가장 나다워지는 공간이 되었고 닫혀 있던 마음이 조금씩 열리기 시작했습니다. 글쓰기를 하면서 끈적끈적하게 달라붙어 있던 어두운 감정을 털어낼 수 있었고, 공감하고 응원해 주는 사람들의 댓글이 손을 잡아주는 기분이 들었습니다.

마음을 추스르고 나니 다시 어떤 일이든 해야겠다는 생각이 들었습니다. 육아와 일, 그 사이의 균형을 잘 맞추기 위해서라도 9시 출근하고 6시 퇴근하는 회사로 취업하기보다는 재택근무나 파트타임으로 가능한 일들을 찾아보게 되었죠.

블로그에 나의 경험과 생각을 기록하면서 우울증에서 벗어날 수 있었고, 나의 강점과 재능을 발견하고 있습니다. 전업주부에서 필라테스 강사와 블로그 전문 강사로 활동하며 새로운 도전을 위해 대학 편입도 했습니다. 매일매일 아이가 성장하듯이 엄마도 성장하고 있습니다.

당신도 이 책을 읽고 블로그 글쓰기를 시작해보세요. 저에게 성장의 시작이 되어준 블로그가 어떻게 삶의 무기가 되는지 경험할 수 있을 겁니다.

주얼송(박혜성)

길을 잃었던 직장인,
글쓰기를 통해 즐거운 나를 만나다

취업, 결혼, 출산, 그리고 휴직과 복직.

개발자로 오래 일해왔고 이만하면 잘 살아가고 있는 거라 생각했습니다. 평탄한 삶의 이정표를 따라 차곡차곡 계단을 밟아가던 어느 날, 평소처럼 사뿐히 내딛었던 두 발은 허공에서 갈 곳을 잃고 빙그르르 헛돌았습니다. 어어- 소리를 낼 틈도 없이 철푸덕 고꾸라지고 말았습니다. 어느 순간 더 올라갈 계단이 사라졌습니다.

"개발자 일이 힘들어도 재밌지만,
정말 하고 싶은 일, 잘하는 일이 맞을까?
월급을 받으며 한 달 한 달 먹고살고만 있는 건 아닐까?"

무거운 걸음에 속도를 늦추자 보이지 않던 것들이 보이기 시작했습니다. 거울로 마주하는 내 모습조차 낯설게 느껴졌습니다. 불현듯 찾아온 멈춤의 시간, 마치 진흙탕에 빠진 듯 터벅터벅 무거운 걸음을 이어갔습니다.

"나는 어떤 사람이었지?"

"앞으로 어떤 삶을 살고 싶은 거야?"

정답이 없는 질문을 마주하며 답을 찾고 싶어 책을 찾아 읽기 시작했습니다. 블로그에 생각을 쓰고 기록을 남겼습니다. 방황하는 마음으로 쓴 글들은 삶의 표지가 되었습니다.

계단이 사라졌다고 했지만 실은 떨어진 것과 다르지 않았습니다. 남들이 모두 오르는 계단을 미처 다 오르지 못하고 내려오는 것은 실패였지만 실패가 아니었습니다. 내려왔고 떨어졌기 때문에 나의 길을 찾기로 마음먹을 수 있었습니다.

2023년 가을, 네이버는 블로그 기록에 관한 캠페인을 열었습니다. '기록이 쌓이면 [   ]가 된다'라는 문장에서 빈칸을 써서 블로그에 발행하는 블로그 사용자 참여 이벤트였습니다.

- **기록이 쌓이면 [즐거운 내]가 된다.**

 1. 기록을 쌓으며 당연한 일상을 다시 돌아보며 감사하게 된다.

 2. 기록을 통해서 현재의 나와 욕망하는 나 사이에서 발버둥치며 괴롭기도 하

지만 그렇게 새로운 나와 만날 수 있다.

3. 기록으로 타인의 기준이 아닌 내 기준을 찾으며 나아갈 수 있기에 과정을 즐길 수 있다.

4. 항상 행복할 순 없지만 기록을 쌓으며 즐거운 나를 만날 수 있다.

– '네이버 블로그, 기록이 쌓이면 [ ]가 된다' 캠페인에 참여했던 글 중에서

어두운 방황의 길에서 글쓰기는 나아가야 할 방향을 비춰주는 등대의 불빛이 되어주었습니다. 블로그에 글을 쓰면서 작가라는 꿈을 품었습니다.

남들이 봐서 부족한 것 없는 삶이지만 어딘지 모르게 공허하다면, 내 것이 없는 기분이 든다면, 어디로 나아가야 할지 모르겠다면, 블로그에 한 편의 글을 써보면 어떨까요? 글쓰기의 가장 멋진 점은 원하는 삶의 모습을 찾으면서 점점 그 모습에 가까워진다는 것입니다. 그리고 다시 즐거운 나를 만나게 될 것입니다. 제가 그랬던 것처럼요.

윤담(박미경)

개인사업을 그만두고, 작가와 강사로 새로운 업을 찾다

점을 찍었더니 선이 되고 선이 모이니 면이 되었습니다.

41, 13, 16

며칠 전 강의를 준비하면서 PPT에 중요한 숫자 세 개를 썼어요. 그러자 어렴풋하게 알고 있던 숫자들이 명확하게 정리되었습니다. 2024년 내 나이 41살, 첫아이의 나이 13살, 그럼 첫아이보다 많은 16은 무엇일까요? 바로 제 블로그 나이예요.

아이가 크는 걸 볼 때마다 '언제 이렇게 컸지?' 하고 깜짝 놀랄 때가 많습니다. 그런데 소소하게 시작한 블로그 나이가 이렇게 오래되었다니 울컥하는 감동이 밀려옵니다.

블로그에 점을 처음 찍었던 그 날을 까맣게 잊고 있다가 문득 다시 생각하게 된 것은 블로그 강의를 하면서부터입니다.

오랫동안 시간이 쌓이면서 알아봐주는 고객이 많았던 개인사업의 시작도 블로그가 있었기에 가능했습니다. 아이를 낳고 생활비를 아끼고자 기저귀 체험단을 신청했던 것이 운이 좋아 다른 체험단까지 이어질 수 있었어요. 여러 체험단을 하면서 받았던 원단으로 바느질을 시작했고, 그때 남겼던 기록을 블로그에 올리고, 네이버 카페에 공유했습니다. 그 글이 저도 모르게 밤낮으로 온라인 홍길동 역할을 하면서 사람들의 관심을 만들어냈고, 제품 판매로 이어졌습니다. 지금 생각해도 운이 좋았던 것 같습니다.

얼마 전 스티브 잡스의 스탠포드 졸업 연설을 들었습니다. 18분 정도 되는 연설로 많은 사람들이 다시 챙겨보는 유명한 연설인데요. 특히 여러 번 들었던 부분은 점에 대해 이야기한 부분이었어요. 많은 사람들은 미래를 보며 점을 찍지만, 과거에 찍었던 점이 현재의 점들과 연결되기 때문에 지금 더 많은 점을 찍으라는 내용이었습니다.

스티브 잡스는 학창시절 어렵게 대학에 들어갔지만, 전공이 맞지 않아서 자퇴를 했습니다. 이때 학교 측의 허락을 얻어 자신이 좋아하는 과목을 청강하기 시작했는데 그중 하나가 폰트 수업이었어요. 그 당시 폰트를 배우고 나서 당장은 쓸 곳이 없었지만, 십 년이 지난 후 맥킨토시 컴퓨터를 개발할 때 폰트에 대한 지식을 컴퓨터에 모두 적용했다고 합니다. "세상에 쓸모없는 경험은 없다. 모든 경험은 연결된다."

연설을 듣는 내내 차가웠던 마음이 뜨거워졌던 시간이었습니다. 스티브 잡스의 점 일화는 저에게 이렇게 다가옵니다.

"블로그에 남긴 점 중에 쓸모없는 점은 없습니다. 블로그에 찍었던 점인 체험단, 바느질사업, 블로그 기자단, 작가, 블로그 강사까지 서로 다른 점이 제2의 직업이란 선으로 연결되었습니다."

블로그에 점을 찍었지만, 선으로 연결한 것은 결코 저 혼자만의 힘은 아니었어요.

저는 끊임없이 새로운 업과 배움을 찾는 사람이었습니다. 그 경험들이 연결될 수 있도록 도와준 것은 기록과 블로그로 인연이 된 사람들이었습니다.

가끔 잘나가던 사업을 그만둔 것에 대해 아쉽다는 연락을 받곤 합니다. 하지만, 저는 하나도 아쉽지 않습니다. 블로그 글쓰기를 한다면, 언제든 다시 시작할 수 있다는 것을 알고 있으니까요. 지금은 함께하는 사람들과 함께 일하는 것이 즐겁기에 아쉽지 않습니다.

이건 정말 경험해봐야만 알아요.

우선 점 하나 찍어보고 선으로 이어볼까요?

신은영작가(신은영)

차례

인생이 꽃피다

1부

삶의 무기가 되는 블로그 글쓰기

1장 × 내가 원하던 삶을 살고 있나요?

2장 ✕ 블로그 글쓰기를 꼭 해야만 하는 이유

2부

4주 만에 완성하는 브랜딩 블로그

week 1 ✕ 블로그 이해하기

스펙 상관없이 바로 시작할 수 있는 블로그

week 2 × 블로그 글쓰기

완벽보다 중요한 건 완료! 일단 써본다

----

week 3 × 최소한의 실행법

매력적인 블로그에 있는 기술만 모았다

week 4 × 함께 성장하는 법

애정이웃 1,000명이면 스몰 비즈니스도 가능하다

마지막으로, 꼭 하고 싶은 말

이 책의 구성

1부 | 삶의 무기가 되는 블로그 글쓰기

| 내가 원하던
삶을 살고 있나요? | • 블로그 전문가, 리블로그팀의 이야기
• 블로그가 필요한 사람들 |

| 블로그 글쓰기를
꼭 해야만 하는 이유 | • 블로그에 대한 고정관념 없애기
• 블로그의 중요성 |

2부 | 4주 만에 완성하는 브랜딩 블로그

| week 1
블로그 이해하기 | • 블로그 플랫폼에 대한 이해
• 워크지를 통한 시간관리
• 블로그 환경 세팅법 |

▼

| week 2
블로그 글쓰기 | • 기록을 쌓는 단계
• 블로그 포스팅의 핵심
• 블로그 글쓰기의 기본 원리 및 글쓰기 팁 |

▼

| week 3
최소한의 실행법 | • 쌓인 글을 바탕으로 전체적인 틀 기획
• 기획을 통해 매력적인 블로그 만들기 |

▼

| week 4
함께 성장하는 법 | • 블로그를 통한 확장
• 영향력을 키워 수익을 창출하는 N가지 방법
• 이웃관계, 커뮤니티로의 확장 |

1부

삶의 무기가 되는
블로그 글쓰기

1장

내가 원하던 삶을
살고 있나요?

"지금 내 삶에
만족하고 있다고 착각했어요"

#로미의 현실인식

직장인에게 꼬박꼬박 들어오는 월급은 한 달의 고된 시간을 위로하기에 충분했습니다. 사회초년생 시절 돈이 없어 30분 거리는 늘 걸어 다녔고, 백화점에서 옷을 사는 건 꿈도 못 꿨어요. 친구들이 가끔 입고 있는 옷 브랜드를 묻곤 했는데 '시장'이라고 말하지 못했어요.

30대가 되면서 그때보다는 먹고살 걱정을 덜하게 되었습니다. 그런데 이상하게도 걱정과 불안은 줄어들었지만 일을 통해 얻는 즐거움이나 만족감이 예전과 같지 않았습니다. 당장 처리해야 하는 일에 치여 다른 생각을 하지 못했던 탓도 있었겠지요? 통장 잔고가 가벼웠던 사회초년생 시절이 오히려 일의 즐거움과 성취감이 더 컸다는 것을 깨달았어요. 직장생활을 반복할수록 아등바등 버티면서 살아가고 있다는 느낌이 나를 옥죄이기 시작했습니다.

그즈음 몇 가지 질문이 내게 찾아왔습니다. 월급이 주는 포근함에 묻어두고 꺼내고 싶지 않았던 미래에 대한 질문이었습니다. 어느 날 남편이 물었어요.

"돈 안 받아도, 이 일을 계속할 거야?"

물음을 바꿔보기로 했습니다.

"이 일이 진짜 내가 원하는 일이 맞는 걸까?"

답이 똑 떨어지지 않았습니다.

'어쩌면 부모가 원한 일은 아니었을까?'

'그저 남들이 좋아 보이는 일을 내가 좋아한다고 착각한 건 아니었을까?'

원하는 삶을 살아가고 있는 것인지, 지금 잘 살고 있는 것인지 혼란스러워졌습니다. 취업, 결혼, 출산… 주어진 과업을 완수하기 바빴다는 생각이 떠나지 않았습니다.

약간의 안정감과 함께 찾아온 질문. 단 한 번도 묻지 않았던 질문.

'왜 이제 와서 이런 물음들이 내게 찾아온 걸까?'

혼란스러웠습니다. 일을 하면서 점점 지쳐가는 기분은 무엇 때문인지, 답을 찾고 싶었습니다. 겉보기에는 아무런 문제가 없어 보이는 삶이었지만, 그때의 저는 툭하면 눈물이 흘렀고 가까운 가족에게 점차 짜증이 늘어갔습니다.

안정적인 현재에 만족하고 있다고 생각했지만, 착각이었음을 깨달았습니다. 외부의 기준이 아닌 나다움을 찾아가야 했습니다. 지금까지 해야 하는 일들을 열심히, 잘하려고 애써왔다면 이제는 보다 더 나다운 것, 내 손에 확실하게 쥐어지는 나만의 무언가가 필요했습니다.

그때 제가 만난 것이 블로그였어요. 더 정확히는 블로그를 통해 만난 사람들이었습니다. 블로그에는 자신의 삶을 살아가고자 적극적으로 탐구하면서 길을 찾으려는 사람들이 많았습니다. 처음엔 이 사람들은 나와 너무 다른 사람들이 아닐까 생각하기도 했는데요. 그들을 알면 알아갈수록 처음부터 특별해서가 아니라 도전하고 새로운 경험을 쌓으면서 특별해졌다는 것도 알 수 있었습니다.

이제는 블로그 강의를 하면서 그때의 나처럼 현재에서 머무르지 않기 위해 새로운 길을 찾고 싶어하는 사람들을 많이 만나는데요.

나다운 삶을 시작하려면 가장 먼저 나를 객관적으로 돌아보고 지금 내 상황을 제대로 직면하는 것부터 단계를 밟아야 합니다. 혹시 내가 지금도 여전히 다른 사람 시선 때문에 기준이 흔들리는 건 아닌지, 내가 좋아하지도 않고 나에게 필요하지도 않은 것을 남들이 하니까 불안한 마음에 무조건 따라하려는 것은 아닌지도 돌아봐야 합니다.

그렇다면 지금 내가 처한 상황과 나의 모습을 돌아보기에 가장 좋은 도구를 알고 계신가요? 저는 알고 있습니다. 누구나 시작할 수 있지만 정작 시작하는 사람은 많지 않은 방법인데요. 바로 '블로그 글쓰기'입니다. 글쓰기를 시작하고 연습하기에 가장 좋은 SNS 채널이 블로그입니다.

블로그를 한물간 것으로 생각하는 사람도 있지만, 블로그에는 내 삶을 충만하게 살고자 애쓰고 노력하는 사람들이 참 많습니다. 저 역시 블로그를 시작하고 글쓰기를 하면서 내가 현재 가진 것에 충분히 감사하는 마음을 배울 수 있었어요. 예전보다 다른 사람과 비교를 덜하게 된다는 것도 나만의 기준이 생기기 시작한 것도 글쓰기가 제게 준 선물이었습니다.

일 방문자수, 포스팅 조회수로 광고 수익을 얻고, 체험단으로 제품이나 맛집을 지원받는 것이 블로그로 얻을 수 있는 전부가 아닙니다. 매일 습관, 챌린지 인증처럼 내 삶의 방향을 내가 꾸려나가는 아주 작은 일부터 새로운 일로의 연결까지, 블로그로 할 수 있는 일은 생각보다 많습니다. 블로그로 인생 업그레이드라는 말이 과언이 아니었습니다.

돌아보면 그 모든 시작은 글쓰기가 주는 힘이었고 그다음으로 블로그를 통해 만난 사람들과의 인연이 제게 미친 영향이었습니다. 블로그 세상에는 아주 작게는 하루에 몇 페이지씩 책을 읽거나, 만 보 걷기, 달리기를 하면서 삶에 활력을 더하고 나 자신을 찾아가는 사람들로 가득합니다. 매일 새벽 이른 시간에 하루를 시작하며 나만의 시간을 채우는 사람들도 많습니다. 그 사람들이 유별나거나 특별한 사람 아니냐고요? 아니요. 제가 지금껏 일상 속에서 만나온 사람들과 다르지 않습니다. 다만 블로그를 하면서 내 삶을 한 페이지씩 차곡차곡 기록해 나가고 있다는 것만 다를 뿐입니다.

지금 내 삶도 충분히 만족스럽지만,

왠지 마음 한구석이 허전한가요?

직장생활에 지친 나를 발견했나요?

지금이라도 주저 없이 블로그를 시작해보세요.

점점 내면이 채워지는 나를 만나게 될 거예요.

새로운 문을 향해 나아가는 내 모습도 만나게 될 겁니다.

시작이 어려울 뿐 시작하고 나면,

블로그를 해서 손해 볼 건 없습니다.

"내가 뭘 좋아하고 잘하는지 도통 모르겠어요"

#신은영의 자기발견

"은영 님, 이번에 사진 특강 진행해보면 어때요?"

"사진 특강이요? 제가요? 음… 아니에요. 사진 잘 찍는 분들도 많은데요. 제가 뭐라구요."

"은영 님, 사진 잘 찍는다는 이야기 많이 듣잖아요. 한번 생각해보세요."

체험단, 독서, 바느질, 그림책 활동가, 카페, 필사, 아이들과 함께한 문화탐방, 집콕 챌린지, 블로그 기자단, 지역 문화기획 등 다양한 주제로 블로그에 기록했습니다. 그 기록을 꾸준히 보았던 블로그 이웃분들께 언젠가부터 같은 질문을 받기 시작했어요.

"이것저것 많이 하는 것 같은데, 그래서 무슨 일 하세요? 앞으로 뭐 하고 싶으세요?"

질문을 받았지만 답을 할 수 없었어요. 왜냐하면 무엇을 하고 싶어서 적었던 것이 아니라, 지금 하고 있는 것을 적었기 때문이었습니다.

같은 질문을 여러 번 받고 나서야 지금 무슨 일을 하는지, 앞으로 무엇을 하고 싶은지, 답을 찾아서 알려줘야겠다는 생각이 들었어요. 그래서 열심히 무엇을 찾기 시작했습니다. 무엇을 찾았을까요? 아니에요. 찾는 것이 너무 어려웠어요. 이걸 꼭 찾아야 해? 마음속에 작은 불똥이 튀기 시작했고, 블로그에 글을 쓰는 것도 멈추게 되었습니다.

그렇게 블로그 글쓰기를 멈추었던 시간 동안, 우연히 세바시 강연 박재민 배우 편 '자신에게 기회를 줄 때 성장합니다' 영상을 보았어요. 박재민 배우는 "여러 일을 하는 자신이 '한 우물만 파라, 오지랖이다, 하나도 제대로 못하면서'라는 주변의 이야기에 크게 휩쓸리지 않았던 것은 목표가 아닌 과정에 집중했기 때문이었다"라고 말했어요. 그때 알아차렸습니다. 블로그에 남겼던 기록이 결과가 아닌 과정이었다는 것을요. 그리고 다시, 블로그에 글을 쓰기 시작했습니다.

현재를 꾸준히 기록으로 남기다 보니 꽤 많은 양의 글이 쌓였습니다. 리블로그를 운영하면서 제 글을 꾸준히 보았던 주얼송 님, 윤담 님,

로미 님과 블로그 이웃분이 같은 결의 피드백을 주기 시작했어요.

"독특한 관점이 보여요. 어떻게 이렇게 찍으세요?"
"사진 배우셨어요? 감성사진 장인!"

뜬금없는 사진 이야기에 엥? 했어요. 감성사진? 관점? 남의 이야기 같았습니다. "아니에요. 관점은 무슨. 모두 이렇게 찍으시는 걸요" 부정하기 바빴지요. 그러다가 리블로그 사진 강의를 준비하면서, 블로그에 남겨진 저의 기록들을 제대로 마주하게 되었습니다.

블로그 속에 글과 함께 쌓인 1천여 개의 사진을 보면서, 제 포스팅에는 무료 글감에 있는 사진이나 타인이 찍은 사진보다 저만의 관점으로 직접 찍은 사진이 많다는 것을 알아차렸습니다.

그동안 아니라고 부정했던 것들이 와르르 깨진 느낌이었어요. 주제 없이, 여러 과정을 꾸준히 남겼던 기록(점)들이 사진이라는 선으로 연결되는 순간이었습니다. 주변에서 블로그에 남긴 기록을 보고 꾸준히 이야기해주었던, 제 귀에는 들리지 않았던 '감성사진 장인'이라는 단어가 블로그 속의 기록 덕분에 들리기 시작했습니다.

'아, 나만 나를 몰랐구나!'
꾸준히 기록만 했지 정작 그 기록들이 보여주고 있었던 것을 못 봤던 것입니다.

과거의 저처럼 타인이 이야기 해주는 강점을 "그건 아닌 것 같은데"라고 말하는 당신에게 꼭 해주고 싶은 이야기가 있습니다. 나의 취향과 강점을 모르고 사는 사람들이 생각보다 많다는 것, 블로그 기록으로 취향과 강점을 찾아갈 수 있다는 것을요.

사람들은 생각보다 자기 자신을 몰라요. 안다고 착각하지만, 사실은 모르고 사는 경우가 많습니다. 그러니 나를 알기 위해서라도 글을 써야 합니다. 사람들이 보는 공개적인 곳에 글을 쓰고 다른 사람들의 피드백을 받으면서 취향과 강점, 재능을 발견할 수 있어요.

내가 객관적으로 나를 알기는 힘들어요. 거울이나 유리에 비친 모습이나 카메라에 찍힌 내 모습을 보면서 나를 볼 수 있듯이, 내가 가진 강점과 능력도 스스로 알기가 참 힘듭니다.

그래서 삶을 바꾸기 위한 확실한 무기가 필요한데요.
그것이 바로 '글쓰기'입니다. 블로그 글쓰기는 텍스트로 할 수 있는 모든 글쓰기와 이어집니다. 블로그 글쓰기만 제대로 알아둔다면 틀림없이 당신이 원하는 삶의 무기가 될 거예요.

"발표라면 질색하던 사람도 강의를 해요"

(#윤담의 도전)

저는 내향적인 사람입니다.

취미나 성격이 맞는 친구들과 잘 어울렸지만 혼자 있는 시간이 좋았습니다. 환경이 달라지면 입을 꾹 닫고 관찰하는 일이 먼저였어요. 앞에 나가서 시선을 받으면 눈앞이 하얘지고 가슴이 두근거려 양볼이 빨개지기 일쑤였습니다.

한 조사에 따르면 한국 사람의 80%가 내향인 성향을 지니고 있다고 합니다. 예스맨을 선호하는 사회분위기까지 더해져 누군가의 앞에서 말하는 것이 더 어려웠는지도 모르겠습니다.

"요즘 대화하면서 느끼는 건데, 말을 참 조리있게 차분하게 잘하는 것 같아요. 어딘지 모르게 예전이랑 말하는 게 달라졌어요. 목소리도 좋고 외모도 호감형이니 앞에서 강의하면 잘 어울릴 것 같아요.”

블로그를 시작하고 2년 정도 지난 어느 날이었습니다. 깜짝 놀랐습니다. 친하게 지내는 분들이 건넨 말이었는데요. 한 번도 들어본 적이 없는 이야기에 손사래를 쳤습니다.

'나한테 왜 이런 말을 하지? 과장일 거야'라고만 생각했어요.

1~2년 정도 시간이 더 흐르고, 지인들의 피드백처럼 정말로 모임시간에 앞에서 이야기를 하거나 강의하는 일이 많아졌습니다. 블로그 강의에 오신 분들과 개별적으로 만나 코칭을 하고 고민을 함께 나누는 시간도 쌓여갔습니다.

무슨 일이 있었던 건지 되돌아보았습니다. 회사에서 하는 업무의 변화는 없었어요. 달라진 것은 '블로그를 시작했다'는 것 딱 하나였습니다.

블로그를 시작한 2019년은 지금처럼 온라인 줌미팅이 활성화되지 않았을 때였습니다. 블로그 이웃들이 오프라인으로 강의나 독서모임을 열곤 했습니다. 여러 모임에 참여하면서 '나'의 이야기를 하나둘 꺼내기 시작했습니다. 집에 돌아와서는 내가 했던 말을 떠올리며 블로그에 다시 옮겨 적었습니다. 모임의 후기를 적고 보통의 일상도 함께 기록하곤 했습니다. 물건을 샀던 일, 집안 청소를 했던 일, 남들은 관심이 없을 아주 사소한 일들도 참 많이 적었습니다.

"아니, 블로그에는 다른 사람한테 도움이 되는 이야기를 적어야지. 왜 그렇게 사적인 일들을 적는 거야?"

남편은 제 블로그의 방향이 잘못되었다고 말했어요. 남편은 부동산이나 주식 등 경제, 재테크 분야 블로그를 구독하고 있었는데요. 그들이 올리는 콘텐츠와 제가 올리는 블로그 포스팅의 성격이 달랐기에 방향이 틀린 것이 아닐지 염려했습니다.

하지만 몇 년이 지난 후인 지금은 과거의 쓸데없어 보이던 시간들의 힘을 믿게 되었습니다. 소소한 내 이야기를 글로 적는 시간은 하찮은 일이 아니었어요. 내 삶의 중심축을 외부에서 나에게로 옮겨오는 과정이었지요.

그리고 블로그를 시작했을 뿐인데 책을 더 많이 읽게 되었습니다. 예전에는 실용서 위주로 읽었습니다. 살림살이나 자녀교육서가 많았지요. 하지만, 블로그를 시작한 이후 경제경영서, 에세이, 자기계발서, 그리고 소설과 고전까지 점차 책을 읽는 범위가 넓어졌습니다.

블로그에 글을 쓰는 것이 소소한 일상이 되면서 점차 삶의 중심이

잡히기 시작했습니다. 그 시간들이 쌓여서 사람들 앞에서 강의도 할 수 있게 되었습니다.

저는 여전히 혼자 있기를 즐기는 내향적인 사람입니다. 하지만 이제는 내 이야기를 꺼낼 때 주저하지 않습니다. 블로그에 글을 쓰면서 여러 번 생각하고 정리했던 것들을 말로 하는 것이기에 어렵게 느껴지지 않아요. 삶을 바꾸는 방법은 멀리 있는 것이 아니라 가까이에 있음을, 변화는 블로그에 글을 쓰는 것과 같은 아주 작은 일이 시작이라는 것을 경험했습니다.

나의 가능성을 제한하지 않고 다른 관점으로 생각해보게 된 것이 블로그를 하면서 얻게 된 최고의 장점입니다. 내 이야기를 글로 써보는 일, 바로 거기서부터 새로운 삶이 열리기 시작합니다.

"글쓰기 환경만 갖추면
일단 시작할 수 있어요"

#주얼송의 선언효과

매년 새해가 되면 다짐하곤 합니다.

올해는 건강을 위해 운동도 하고, 책도 읽어야지! 기록도 꾸준히 할 거야!! 부푼 마음을 담아서 예쁜 다이어리도 하나 샀습니다. 그렇게 베이지색 깔끔한 다이어리를 반의반도 채우지 못하고 한 해가 끝납니다. 어디 다이어리뿐인가요?

저는 무언가 마음에 꽂히는 게 있으면 시작을 해야 직성이 풀립니다. 시작은 열정이 넘치지만 그리 오래되지 않아서 시들해지고 결국 포기하게 됩니다. 이런 나를 보고 '의지박약'이라며 자책하고, '내가 그럼 그렇지'라며 자포자기도 했습니다. 그런 제가 4년간 꾸준히 하는 것이 있습니다. 바로 '블로그 글쓰기'입니다.

프로 작심삼일러가 꾸준히 블로그를 하고 있다니 놀라운 일이죠?

제가 그 비법을 공유해드릴 테니 끝까지 읽어보세요.

우리가 작심삼일러인 이유는 남들보다 특별히 의지가 약해서가 아닙니다.

'중. 꺾. 마.' 중요한 건 꺾이지 않는 마음이라던데, 저는 그렇게 생각하지 않아요. 매번 반복하던 작심삼일에서 벗어나려면 실행할 수 있는 환경을 만들어야 해요.

글쓰기를 할 수밖에 없는 환경 만들기

① 매일 30분만 아무거나 써보기

평소 안 하는 행동을 하는 건 변화를 원한다는 겁니다. 그런데 하루 1~2시간씩 어떤 일에 쏟아부으려고 하면 엄두가 안 나고 지속하기도 힘들어요. 그래서 쉽게 시작해야 합니다. 블로그 글쓰기를 하는데 2시간씩 걸린다면 매일 하기 어렵습니다. 처음에는 하루 30분만 자신에게 집중한다고 생각하고 써보세요. 짧은 글도 좋습니다. 어떤 글이든 좋습니다.

"난 의지가 약해"라고 말하는 분이 많은데요. 그건 의지 때문이 아니라 단지 방법을 몰랐기 때문입니다. 작은 것, 내가 당장 할 수 있는 글쓰기부터 시작하세요. 익숙해지면 다양한 블로그 기능을 활용해 글을 더 풍성하게 만들면 됩니다.

② 글 쓰는 환경 세팅

일단 환경을 세팅하는 게 중요합니다. 매일 일정한 시간에 글을 써 보세요. 저는 아이들을 등원시킨 후 10시부터 컴퓨터 앞에 앉아 블로그를 했습니다. 쪼개서 쓰는 시간 말고 통으로 쓸 수 있는 시간을 만들었습니다.

나의 하루 24시간을 쭉 적어보세요. 책에 실려 있는 '블로그 워크지_24시간 타임 테이블'(93쪽)을 이용해서 시간을 시각화해볼까요? 인풋의 시간과 아웃풋의 시간을 적고, 각기 다른 색으로 칠해보세요. 그러면 하루 중에 내가 블로그에 온전히 집중할 수 있는 시간이 보입니다.

토막 난 시간 말고 통으로 1~2시간, 오직 나를 위한 시간을 준비해 보세요. 시간 확보가 글쓰기를 위한 최고의 환경 세팅입니다.

※ '블로그 워크지_24시간 타임 테이블'로 시간을 시각화하면 글 쓰는 시간을 확보할 수 있습니다.

③ 긍정적인 보상

블로그 글을 발행하고 긍정적인 보상을 즉시 해줍니다. 긍정적인 보상이라는 것이 거창해야 하는 것은 아닙니다. 글을 쓰기 전에 좋아하는 커피를 내린다거나, 운동할 때 좋아하는 음악을 듣는다거나, 아침에 일어났을 때 좋아하는 초콜릿을 먹는 등 사소한 듯 보이지만 매일 할 수 있는 즉각적인 보상을 해주면 됩니다. 그러면 할 때마다 뇌가 점점 좋아하게 되고, 하면 할수록 저항이 적어집니다.

사실 우리가 작심삼일을 반복하는 가장 큰 이유는 뇌에서 변화를 거부하기 때문이에요. 뇌는 본능적으로 생존에 위협을 느낄 만큼 변화를 싫어한다고 합니다. 그래서 하지 않던 일을 새로 하려고 하면 저항하며 방해합니다. 새로운 것을 할 때는 기분 좋아지는 무언가를 보상함으로써 저항을 줄여보세요. 여기서 중요한 것은 즉각적인 보상입니다.

④ 함께하는 사람들

그 어떤 방법보다 강력한 것은 바로 사람입니다. 블로그에 기록을 하다 보면 망망대해를 혼자 떠도는 기분이 들 때가 있어요. 외롭고도 고독한 순간인데요. 함께하는 사람들이 있으면 의지도 되고, 영감을 얻기도 합니다. 그래서 글 쓰는 환경 설정 중에 가장 강력한 것이 바로 '사람', 바로 커뮤니티입니다.

저는 리블로그 커뮤니티를 느끈한 사이라고 말하곤 합니다. 느슨하지만 끈끈한 관계, 온라인이라는 느슨한 공간에서 함께 하지만, 20년 지기 절친에게도 매일 보는 가족들에게도 공유하지 못했던 나의 생각과 감정을 공유하는 사이입니다.

블로그 글로 만나서 소통하면서 누구보다 끈끈한 마음을 나누게 됩니다. 비슷한 사람들의 격려를 통해 지속할 수 있는 힘을 얻기도 합니다. 블로그를 시작하기로 마음먹었다면 블로그 커뮤니티에서 함께 해보세요.

"글쓰기는 당신을
삶의 주인공으로 만든다"

(#리블로그팀의 글쓰기 매직)

리블로그팀이 운영하는 블로그 강의 과정에 참여하신 분들을 한 분씩 줌으로 만나는 개별 코칭 시간이 있습니다.

줌 카메라가 켜지고 노트북 너머로 얼굴을 마주합니다. 랜선을 타고 전해지는 눈빛 속에 설렘과 불안을 동시에 만날 수 있는데요. 블로그를 시작하기 전 설렘과 걱정은 마치 연극배우가 무대에 오르기 직전 장막 뒤에서 느끼는 감정과 비슷한 것 같아요.

"이런 이야기를 글로 써도 될까?"
"특별할 것 없이 보이는데 기록해도 괜찮을까?"
"블로그에 쓸 만한 주제가 없는데….."
"나는 전문가가 아닌데."

블로그 코칭을 하면서 알게 된 사실이 있습니다. 우리의 일상은 보석처럼 반짝이는 글감들로 가득하다는 것을요.

신은영 작가는 아이와 다양한 체험활동을 하면서 엄마의 시간을 쌓았습니다. 유적지, 박물관 특별전, 미술관 전시 등 아이와 함께하는 평범한 일상 속에는 생생한 경험이 담긴 정보가 가득했습니다.

아이와 다녀온 장소, 아이의 말, 기억하고 싶어 사진으로 남긴 순간까지. 우리의 일상에는 작은 보석이 흩뿌려져 있어요. 유심히 살피고 발견한 뒤 블로그에 남기면 그 기록이 연결되어 나를 드러내는 정체성이 되지만, 쓰지 않으면 시간이 지나서 잊혀지는 옛 기억에 머무릅니다.

리블로그 강의는 온라인으로 진행되다 보니, 수강생 중에는 카자흐스탄, 일본, 캐나다, 베트남 등 해외생활을 하고 계신 분들도 많았는데요. 해외에 있는 분들과 코칭 시간에 만나면 현지 날씨는 어떤지, 음식은 어떤지, 거리의 풍경은 어떤지 등 지극히 사소한 것들을 먼저 묻곤했습니다. 그분들의 블로그에서는 현지 생활 이야기를 찾기 어려웠거든요.

그런데, 왜 해외 생활을 블로그에 올리지 않았을까요?

개인정보 노출을 꺼려할 수도 있어서 코칭을 하면서 조심스럽게 물어봤어요.

"아뇨. 여기가 해외지만 그냥 일상이에요. 블로그에 올릴 게 뭐 있나요? 특별히 다를 것은 없어요."

블로그에 올릴 만한 콘텐츠가 아니라는 말을 듣고 깜짝 놀랐습니다. 다른 사람들에게 특별하게 느껴지는 해외 생활이 본인에게는 익숙한 일상일 뿐이었습니다. 글의 주제와 상관없이 포스팅 한 편에 현지 모습이 보이는 사진 1장만 올려보라고 부탁하며 코칭을 마무리한 기억이 납니다.

어쩌면 우리 일상에도 당연하고 익숙해서 발견되지 않은 특별한 콘텐츠가 가득하지 않을까요?

"특별해서 기록하는 것이 아니라 기록하면서 특별해진다."

블로그를 하면서 이 한 문장의 힘을 믿게 되었습니다. 당연한 일상이 한 발자국만 떨어져서 보면 특별해집니다. 특별한 시선으로 내 일상을 관찰하고 블로그에 글을 쓰면 그 기록이 층층이 쌓여서 나만의 이야기가 만들어집니다.

"아이가 태어난 이후론 좋은 곳에 가도 내 사진은 거의 찍지 않았어요. 어디 가서 내 이야기를 많이 하는 사람도 아니라서요."

리블로그 강의를 수강하신 후, 처음으로 블로그에 공개 기록을 시도한 수강생의 말입니다. 말하는 사이사이 목소리에서 떨림이 느껴졌어요. 몇 초간 말을 잇지 못하기도 했어요. 블로그에 글을 쓰기까지 오랜 시간이 걸렸으며, 큰 용기를 냈다고 말했습니다. 울음을 꾹 눌러 삼키며 자신의 이야기를 마지막까지 이어가는 모습에서 용기라는 단어가 떠올랐습니다.

내 삶의 주인공이 되려면, 특별한 경험이나 전문성이 필요한 것이 아니라 용기가 필요합니다. 낯설지만 블로그에 올릴 내 사진을 찍어보기도 하고 생각을 글로 표현하면서 다시 나를 마주하게 되는 순간은 블로그 조회수의 많고 적음과 아무런 상관이 없습니다. 용기는 딱한 걸음을 내딛을 만큼만 있으면 충분합니다. 블로그에 내 생각, 일상을 적어보는 작은 경험은 삶의 방향성을 찾아갈 수 있는 시작점이 됩니다.

블로그에 기록을 시작한다는 것의 진짜 의미는 나에 대한 글쓰기를 시작한다는 것과 같습니다. 처음 블로그를 시작하는 분들은 의문을 품었고 불안해했습니다. 상위 노출, 수익화, 많은 조회수를 일으킬 수 있는 정보성 콘텐츠의 방향과 내 이야기를 쓰기 시작하는 경험은 달랐기 때문이지요. 더 정확히 말하자면 다르다고 느껴지기 때문이지요. 그 시간을 수없이 보낸 지금, 분명하게 말할 수 있습니다.

"시작 단계에는 내 이야기를 꺼내는 시간이 분명히 필요해요. 그래서 느릴 수 있어요. 당장은 세상이 원하는 정보가 담긴 콘텐츠가 아니기 때문에 성장의 결과가 수치화로 나타나지 않아요. 하지만 시간이 지날수록 단단해져서 오래 지속할 수 있는 힘이 길러집니다."

내가 지금 이 글을 쓰는 것이 무슨 의미가 있을까 불안해하지 마세요. 평범한 내가 특별한 사람이 되어가는 과정의 핵심은 결국 기록에 있으니까요.

글쓰기와 함께하는 삶은 나를 돌아보고 성찰하게 만들어줍니다. 평범하다고 생각했던 내 일상과 경험, 과정을 연결하고 새로운 나의 모습을 찾아가는 데 도움이 됩니다.

2장

블로그 글쓰기를 꼭
해야만 하는 이유

도대체 블로그
왜 하세요?

드라마 〈더 글로리〉에는 문동은(송혜교)이 주여정(이도현)에게 바둑을 배우는 장면이 나옵니다. 그때 주여정이 문동은에게 바둑에 대해 설명하는 대사가 인상적이었습니다.

"바둑을 한마디로 정의하면 집이 많은 사람이 이기는 게임이에요. 그래서 끝에서부터 가운데로. 자기 집을 잘 지으면서 남의 집을 부수면서 서서히 조여들어와야 해요. 침묵 속에서 맹렬하게."

"침묵 속에서 맹렬하게"

〈더 글로리〉에 나오는 이 표현이 오랫동안 여운이 남았습니다. 바둑은 흑돌과 백돌 중 하나를 선택해 바둑판 위에 바둑돌로 집을 짓고 최종적으로 흑과 백 중 집을 많이 지은 사람이 이기는 고도의 두뇌 게임입니다. 바둑돌을 하나씩 번갈아 바둑판 위에 두면서 서로를 잡아먹고 나의 집을 만들어가는 과정을 드라마 대사에서 침묵 속에서 맹렬하게로 표현한 것이지요.

가로세로 19줄로 된 바둑판 위에 돌을 하나씩 올려놓는 모습을 떠올려보세요. 돌 하나 올려두는 것만 보면 의미가 잘 와닿지 않습니다. 지루해 보입니다. 하지만 그 안에는 보이지 않는 치열한 지능 싸움과 전략이 숨겨져 있습니다.

'블로그도 어쩌면 바둑과 비슷할 수 있겠구나'라는 생각이 들었습니다. 다른 것은 딱 하나. 바둑판에서 바둑을 두는 사람은 나 한 명이라는 것인데요. 블로그는 상대방과 겨루면서 내가 더 잘해야만 하는 승부가 아닙니다. 블로그 포스팅을 처음 발행할 때면 텅 빈 바둑판 위에 바둑돌을 내려놓는 것처럼 막막합니다. 막막함 속에서 길을 만들어갑니다. 한 편의 글을 쓰고 발행하는 순간은 때때로 괴롭기도 합니다.

"블로그 글 발행하는데 생각보다 시간이 오래 걸려요."

"나만 이렇게 오래 걸리는 걸까요?"

"내가 글을 잘 못 써서, 처음이라서 힘든 걸까요?"

블로그를 시작할 때 공통으로 느끼는 감정이 있었습니다. 생각보다 글 한 편을 쓰는데 에너지를 많이 써야 하고, 시간도 오래 걸려 놀라는 분들이 많았습니다. 처음엔 글을 쓴다는 행위가 익숙하지 않아 더 어렵게 느껴지기도 합니다. 블로그를 앞으로 어떻게 해야 하나 걱정이 앞서는 순간이지요. 블로그를 운영한다는 것은 지독하게 외로운 과정입니다. 눈앞의 상대와의 겨루기도 아니며 혼자 해내야만 합니다.

시간과 공을 들여 글을 발행하면 칭찬해주는 사람도 없고 떡을 주는 사람도 없습니다. 쉽지 않은 그 일을 도대체 왜 해야 하는 걸까요? 블로그를 시작한 나만의 이유를 짚어보는 것이 중요합니다.

삶의 변화를 원한다면 시간, 공간, 사람 이 3가지를 바꾸라고 합니다. 내가 살고 있는 삶의 환경을 바꾸는 것은 어려운 일입니다. 동아리나 소모임 같은 커뮤니티를 찾아갈 수도 있겠지만, 직장생활과 육아를 병행하는 워킹맘은 하루를 살아내는 것만으로도 다른 틈이 없었습니다.

매일 출근을 하는 회사, 만나고 대화하는 사람, 하는 일도 늘 비슷했어요. 시간도, 공간도, 사람도, 바꿀 수 있는 것이 아무것도 없었습니다.

그런데 블로그를 시작하면 최소한 새로운 사람을 만나 그 사람의 이야기를 듣는 것은 할 수 있겠더라고요. 블로그의 글을 통해 나와 다른 삶을 살고 다른 선택을 하는 사람들의 삶을 들여다보는 것은 좋은 자극이 되었습니다. 마음만 먹는다면 직접 만나 대화를 나누는 것도 불

가능한 일이 아니었어요.

블로그를 시작한 지 1년, 2년 지나면서 어느새 일상의 시간도 달라 졌습니다. 매일 꾸준히 글을 쓰는 시간이 생겼습니다. 쓰기 위해 다양 한 분야의 책도 많이 읽었고 공부하는 계기가 되었습니다. 블로그를 통해 다양한 분야의 책을 쓴 작가님도 만날 기회가 생겼으며, 강의를 듣고 배움의 시간을 늘려갈 수 있었습니다.

이웃으로 소통하던 분들이 하나둘 책을 쓰고 작가가 되기도 했습니 다. 블로그에서 나 혼자만의 프로젝트를 기획해서 시작해보기도 했고, 사람을 모아 글쓰기나 책을 읽는 모임을 만들기도 했습니다. 리블로그 수업을 3년 넘게 운영하면서 강의를 하고 다양한 사람들과 연결되는 기회도 생겼습니다.

그중에서 가장 큰 변화는 책을 잘 읽지도 않던 사람에서 글을 쓰는 사람으로 자연스럽게 전환되었다는 점입니다.

좋아하는 일로
돈도 벌 수 있다고?

"블로그에 쓰는 글이 어떻게 돈이 되나요?"

"블로그에 어떻게 글을 쓰는 건지는 알겠어요. 그런데 그 글은 돈이 안 되잖아요."

리블로그 강의를 들은 지 2주가 지나고 줌으로 열린 개별 코칭 시간에 질문을 받았습니다. 글쓰기에 쏟는 시간만큼 수익을 만들고 싶은 건 솔직한 마음일지도 모릅니다.

직장에서 일할 때 즐거운가요?

평생 회사에서 일할 수 있나요?

일을 쉬고 있다면 다시 내 일을 찾고 싶지는 않나요?

우리는 필연적으로 돈 버는 일에 대한 관점을 바꿔야 해요. 평생 하나의 직장에서 일하고 퇴직해서 노후생활을 보내는 건 부모님 세대의 이야기입니다.

지속가능한 일을 하고 있는가?
그 일을 하면서 즐거운가?

지금 당장 돈을 버는 방법을 찾는 것 이상으로 더 중요한 질문이 아닐까요? 글쓰기는 그 질문에 답을 찾을 수 있도록 도와주는 열쇠가 될 수 있습니다.

돈을 벌기 위해서.
내 경험의 기록을 쌓고 싶어서.
가족과의 시간을 소중하게 남기고 싶어서.
블로그를 하는 다른 사람들과 연결되고 싶어서.

변화를 다짐한 특별한 계기가 있었나요?
기록하고 남기고 싶은 경험을 하고 있나요?
아니면, 그저 돈이 될까 싶어 새로운 길을 찾고 싶으신가요?

그 어떤 이유라도 괜찮습니다. 중요한 것은 나만의 이유가 있는가입니다. 돈을 벌기 위해 시작하는 것도 좋습니다. 블로그를 시작하고 지속한다면 바둑에서 전략적으로 돌을 쌓아가듯 블로그에 쌓는 글도 분명히 내 인생의 전략을 짜는데 도움이 될 것입니다.

블로그를 왜 시작하셨나요?

이 문장을 읽고 있는 지금, 바로 노트북을 열고 전원 버튼을 누르세요. 브라우저에서 네이버에 접속해 로그인한 후 내 블로그에 들어갑니다. 글쓰기 버튼을 누르고 지금 생각과 마음을 꾸밈없이 날것 그대로 적어서 발행해보세요.

첫 글의 제목으로 '나는 왜 블로그를 시작했는가', '내가 블로그를 시작하는 이유' 이렇게 적은 뒤 생각나는 대로 글을 적어보세요.

원래는 시작할 생각이 없었는데, 이 책을 읽으면서 시작해보고 싶어졌다면 그 마음 그대로를 적어도 좋습니다. 글이 길지 않을까, 어렵게 쓴 건 아닐까 고민하거나 망설이지 마세요. 맞춤법 조금 틀리고 글 폰트나 정렬이 예쁘지 않아도 괜찮습니다. 글을 다 적었다면 발행 버튼까지 꾹 누르세요.

블로그가 새로 태어나는 이 순간의 기록을 절대 놓치지 마세요. 온 마음을 담아 응원하며 기다리겠습니다. 요란하고 대단한 시작이 아니라 쑥스럽고 부끄럽다고요? 괜찮습니다. 단숨에 먼 바다로 나아갈 순 없으니까요. 하지만 시작이 있다면 우리는 갈 수 있습니다. 앞으로 흔들릴지도 모를 순간 지금 남겨두는 결심과 이유, 설레는 마음들이 훗날 내게 든든한 힘이 되어줄 테니까요.

블로그는 좋아하는 일로 돈도 벌고, 사람도 만나고, 삶을 바꾸는 무기가 되어줄 거라고 자신있게 말씀드립니다.

수익화 블로그 vs.
브랜딩 블로그, 뭐가 달라?

주말 점심, 오랜만에 친구들을 만났습니다.

자연스럽게 근처 맛집을 찾으려고 네이버를 켰죠. 모두가 검색에 열중했고, 한 친구가 블로그 리뷰를 보다가 갑자기 툭 꺼낸 말,

"사람들은 왜 이렇게 글을 쓰지? 이거 쓰면 밥이 나와? 떡이 나와?"

차마 "나도 하루 3~4시간씩 피똥 싸며 그렇게 쓰고 있어"라고 말하지 못했습니다. 집으로 돌아와 리블로그팀에게 똑같은 질문을 던졌습니다.

"사람들이 블로그를 하는 이유는 뭘까요?"

"결국 그들이 원하는 건?"

"왜 그렇게 글을 쓰는 걸까요?"

글을 써서 돈을 벌고 싶다면 오마이뉴스 시민기자를 하며 원고료를

받거나, 시청이나 구청에서 하는 글쓰기 공모전 상금을 노려보는 것이 더 빠를지도 모르는데 말이죠.

몰라서 물어봤습니다. 블로그 이웃들에게도 댓글로 물음표를 던지고, 유명 네이버카페 질문 게시판에도 글을 올렸어요.

"블로그 왜 하세요?"
"블로그를 하는 진짜 이유가 뭔가요?"

다양한 답들이 나왔지만, 결국 하나의 키워드로 이어졌습니다.

수익화! 온라인 수익화!!

온라인 수익화하면 뭐가 떠오르세요? 광고, 협찬, 제휴마케팅, 서평단, 체험단 아닌가요? 아이러니하게 수익형 블로그 강의를 들으면서 많은 분들이 글쓰기 연습? 퍼스널 브랜딩?을 고민하시더라고요.

만약 온라인 수익화를 원하신다면 딱 잘라 말하지만, 네이버 블로그보다 티스토리가 유리합니다. 네이버 블로그의 애드포스트와 달리 광고 수익에 후한 구글 애드센스! 혹자는 애드고시라고 할 정도로 어렵지만, 한 번 달고 나면 꾸준히 시스템 수익을 얻을 수 있습니다.

그럼에도 불구하고, 광고 수익 외에 한국인이 가장 많이 사용하는 네이버 플랫폼을 통해 체험단 등을 해보고 싶어서 네이버 블로그를 포기할 수 없다면, 목적을 분명히 하고 시작하는 것이 좋습니다. 블로그 시작 전, 나만의 기준 세우기는 진짜 중요합니다.

월 100만 원을 목표로 하는 '수익형 블로그'

수익화를 강의하는 분들이 가장 많이 하는 말이 월 100만 원입니다. 초보자도, 아무것도 몰라도, 특별한 재능이나 기술이 없어도 월 100만 원은 번다고 우리를 현혹합니다. 돈 벌고 싶으면 수익형 블로그가 답이라고 하는데 물론 틀린 말은 아니에요. 다만, 앞에 수식어를 추가해야 합니다.

'단기적인' 수익.

광고, 협찬, 체험단을 하기 위해 가장 중요한 것은 상위노출, 조회수, 방문자수입니다. 1개의 홍보성 포스팅을 쓰기 위해서는 3~4개의 정보성 포스팅을 써야 하는데, 빠르게 성과를 내기 위해 기존 글들을 짜깁기 하거나 '복사-붙여넣기'를 하는 꼼수를 쓰기도 하지요.

모두 그런 것은 아니지만 대부분 리스크를 안고 단기간에 글을 쓰고, 수익을 낸 다음 저품질이 오면 빠르게 블로그를 버리고 새로운 블로그로 갈아탑니다. 한꺼번에 5~10개의 블로그를 동시에 키우기도 하구요.

만들고, 버리고. 만들고, 버리고….

이게 기본 루틴이기에 장기적으로 수입 파이프라인이 될 수 없는 것이 현실입니다.

> - 단기간에 수익을 만들고 싶다.
> - 확실한 보상이 필요하다.
> - 눈에 보이는 숫자, 성과를 좋아한다.
> - 정보성 글을 잘 쓴다.
> - 지금 당장 돈이 필요하다.
> - 월 50~100만 원 정도의 부수입을 원한다.
>   (현실적으로 월 100만 원까지 가려면 엄청 힘들어요.)

이런 분들이라면, 수익형 블로그를 권해드립니다. 다만 네이버 블로그 말고 티스토리가 더 빠를 수 있으니 그쪽으로 알아보세요.

1년 동안 치킨값 겨우 버는 '브랜딩 블로그'

브랜딩 블로그는 돈을 못 번다?

반은 맞고 반은 틀려요. 수익화는 수익성을 올리는 행위입니다. 이때 직접적으로 수익을 창출하는 직접수익원과 간접적으로 수익을 창출하는 간접수익원으로 구분할 수 있어요.

직접수익원을 기준으로 하면, 구글 애드센스보다 네이버 애드포스트의 단가 차이가 나므로 당연히 네이버 블로그가 돈을 못 버는 것이 맞습니다.

그런데 간접수익원을 기준으로 하면, 이야기는 달라집니다. 브랜딩 블로그의 경우 네이버 자체에서 만들어내는 자체 광고수익보다 블로그를 통한 간접(2차) 수익이 훨씬 많아요. 블로그를 통해 전문성을 키우고, 관련 글을 씀으로써 새로운 일, 새로운 사람과 연결되고 돈을 벌 수 있는 기회가 생기기 때문입니다. 즉, 블로그를 통해 꾸준히 콘텐츠를 발행하고 신뢰가 쌓이면, 내가 가진 경험과 지식이 돈이 되는 경험을 할 수 있어요.

내가 하는 업무, 사업과 연결하고 싶거나 브랜딩을 통해 지식창업(무자본 창업)을 하고 싶은 분이라면, 무조건 브랜딩 블로그를 추천드립니다. 단, 마라톤을 한다고 생각하며, 조급함을 내려놓고 길게 보고 가야 합니다.

- 나는 '잘'하기보다 '꾸준히' 하는 사람이다.
- 나는 나의 업을 만들고 싶다.
- 내 지식, 경험을 공유하는 것을 즐긴다.
- 장기적인 수익화를 원한다.
- 시스템 수익을 만들고 싶다.
- 사람들과 소통하며 재미를 느낀다.
- 결국, 나만의 비즈니스와 연결하고 싶다.

브랜딩 블로그는 이런 분들에게 딱 맞는 블로그입니다.

이제 둘의 차이를 파악하셨나요?

수익형 블로그는 진입장벽이 낮고 경쟁이 치열한 반면, 브랜딩 블로그는 진입장벽은 높지만 경쟁은 낮습니다. 버티는 사람이 생각보다 많지 않거든요. 수익형 블로그는 수익화가 빠르지만 맥스 한계치가 정해져 있고, 브랜딩 블로그는 당장 수익화는 어렵지만 내 비즈니스와 연결한다면 무한대의 수익을 가져다주는 황금알이 될 수 있습니다.

100% 좋은 선택은 없어요. 각각의 장단점이 있을 뿐.

이제, 어떤 것을 선택할 건가요?

어떤 선택을 해도 괜찮아요.

뭐가 더 좋고 뭐가 더 나쁜 것은 아니에요.

다만, 서울을 가고 싶은데 부산행 기차를 타는 오류만 범하지 마세요.

부자가 되고 싶나요?
오늘부터 나도 블로거!

"우리 부자가 될 수 있어요. 함께 블로그 합시다."

웃으며 지인들에게 꾸준히 이야기했습니다. 이렇게 좋은 거 같이 하자고요. 돌아오는 답은 늘 '언젠가'입니다. 고등학교 때 '도를 믿으십니까?'라는 사람을 따라갔다가 한복을 입고 모르는 사람에게 절까지하고 왔다는 친구의 이야기가 떠올랐습니다. 도를 믿는 곳도 따라가면서 블로그는 왜 안 할까요?

사람마다 정의하는 부자는 다르지만, 많은 사람이 부자가 되고 싶어 합니다. 그리고 되도록 빨리 부자가 되기 위해 유튜브를 보며 여러 방법으로 시도하고 노력하지요.

그런데 여기, 누구에게나 똑같이 기회가 주어지고 있지만 몰라서 못하는, 그것도 무자본으로 부자가 되는 법이 있습니다. 지금 생각하고 있는 그것, 블로그입니다.

저는 블로그를 오래전부터 하고 있었지만, 제대로 몰라서 온라인 기록장으로만 사용해왔습니다. 블로그로 돈을 번다? 블로그로 부자가 된다? 그 방법을 몰라서 꿈을 꾸지도 못했지요. 부자는 아무나 되는 것이 아니라고 생각했습니다. 만약에 지금 알고 있었던 것을 그때도 알았더라면? 무척 아쉬워요.

부자의 기준을 돈으로 이야기한다면 지금은 아니지만, 앞으로 될 가능성은 충분하다고 생각합니다. 하지만 부자를 돈이 아닌 다른 기준에서 본다면, 저는 이미 부자입니다.

경험 부자! 사람 부자!

블로그의 시작은 기록장이었지만 남겼던 기록으로 해보고 싶었던 다양한 기회를 잡았고 경험까지 할 수 있었습니다. 그러한 경험들이 좋아서 가까운 지인에게 블로그를 권하는 계기가 되었지요.

블로그에 기록으로 남겼던 아이와의 활동은 책을 쓰는 계기가 되었습니다. 글감이 부족할 때 남겼던 기록(사진, 글)을 보면서 잊고 있었던 에피소드를 찾았고, 그때의 추억을 떠올려보기도 했습니다.

지금 진행하는 블로그 프로젝트도 블로그에 기록을 남겼기에 기회를 잡을 수 있었겠지요?

하나씩 남겼던 기록들이 디딤돌이 되어 저를 여기까지 데리고 왔습니다. 만약 블로그에 기록을 남기지 않았다면? 생각만으로도 아찔합니다.

"운은 사람으로부터 온다."

블로그를 통해 다양한 분야에서 자기 일을 열심히 하는 많은 분을 알게 되었습니다. 배우고 싶고, 닮고 싶은, 삶의 결이 비슷한 사람들과 서로의 성장을 응원해주고 축하해주는 친구들, 좋은 운을 가진 블로거들을 많이 만나 삶이 풍성해졌습니다.

'글쓰기'로 하고 싶은 일을 할 수 있는 기회를 잡을 수 있고, 다양한 삶을 살아가는 사람과 소통하고 경험을 공유할 수 있습니다. 삶이 풍성해지며, 무자본으로 시작해서 나와 비슷한 사람을 만나고 서로의 성장을 응원해주는 것. 인생의 부자란 이런 것이 아닐까요?

고민은 시작을 늦출 뿐입니다. 망설이지 말고 삶을 풍성하게 하는 부자가 되는 치트키 블로그를 시작해보세요.

나를 다시(Re) 발견하는
과정

STEP 1 **나를 표현하는 키워드 적기**

❶ 역할, 취향, 이루고 싶은 목표, 강점 등 나를 나타낼 수 있는 단어를 채워보세
  요. 꼭 대단한 단어가 아니라도 괜찮습니다.

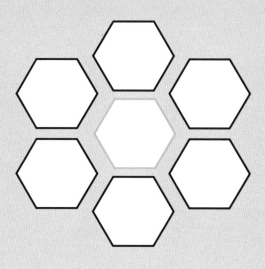

❷ 펼쳐 놓은 키워드 중에서 나를 잘 표현하거나, 자꾸만 끌리거나, 내가 블로그
  에 표현하고 싶은 3가지를 선택해서 다음 빈칸에 적어보세요.

STEP 2 **구체화하고 싶은 키워드 찾기**

블로그에 담고 싶은 핵심 주제를 찾아보는 시간입니다.

❶ 앞에서 선택한 3개의 키워드를 상단에 적고 2개, 1개로 좁혀봅니다. 줄여가면
  서 키워드가 바뀌어도 괜찮습니다.

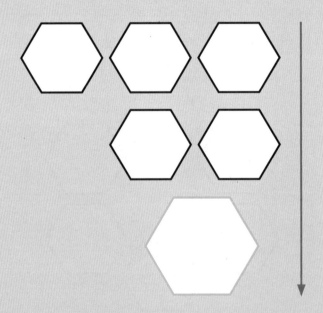

❷ 선택한 키워드에서 구체적으로 확장시켜 봅니다.

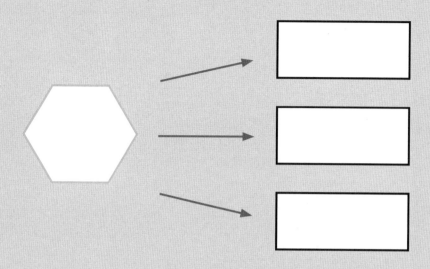

2부

4주 만에 완성하는
브랜딩 블로그

week 1

블로그
이해하기

**스펙 상관없이
바로 시작할 수 있는 블로그**

1

숏폼 전성시대,
블로그가 돌아왔다

월요일 아침, 손을 뻗어 알람을 끄자마자 습관적으로 인스타를 열었다. 눈에 보이는 첫 피드에 시선이 멈춘다.

투명한 빛이 투과하는 새파란 물. 송글송글 이슬 맺힌 맥주잔. 시선을 사로잡는 예쁜 셀카.

'히야, 주말에 또 좋은 데 갔구나.'

사진을 두 번 터치해 하트를 누를까 하다가 앱을 껐다. 유튜브를 열고 스크롤을 내리자 인형처럼 작고 마른 연예인의 실물, 보기만 해도 군침이 도는 짬뽕 먹방, 유명 유튜버의 이혼 소식이 이어지고, 별 것 아닌데 괜히 궁금한 숏츠 영상이 보일 무렵 바쁘게 움직이던 엄지 손가락을 멈춘다. 마치 홀린 듯이 클릭하다 보니 출근시간이 가까워진 것이다.

그래도 좀더 기웃거리자 '성공하는 사람들의 3가지 비밀', '부자들이 아침에 일어나면 반드시 하는 것'과 같은 썸네일 문구가 보인다. 이제 정말 출근해야 할 시간이 코앞이라 부랴부랴 스마트폰 화면을 끄고 몸을 번쩍 일으킨다.

평범한 아침 루틴을 들여다보았는데, 어떠신가요?

내 이야기는 아니라고 생각하셨나요?

아니면, 마치 나의 일상을 들킨 기분인가요?

저 역시 이런 경험이 많습니다. 이 모든 것이 나의 의지 부족 때문일까요? 우리가 하루를 시작하는 모습이 달라진 건 우리를 둘러싼 환경이 빠르고 크게 변하기 때문이에요. 틀림없습니다. 그렇고 말고요.

'틱톡'이 크게 성장하면서 짧은 영상의 인기는 날이 갈수록 높아지고 있습니다. 인스타그램의 릴스와 유튜브의 숏츠, 네이버의 모먼트까지 숏폼의 이름은 낯설어도 스마트폰에서 짧고 세로로 된 영상 콘텐츠를 많이 보셨을 거예요.

지금은 누가 뭐라 해도 숏폼 전성시대입니다. 춤추는 챌린지 영상부터 먹방, 요리, 연예인들의 사생활, TV 프로그램의 짧은 편집본까지 우후죽순 쏟아지고 있습니다.

우리가 즐겨 보는 콘텐츠뿐만이 아니지요. 시험공부도 재테크도 쉽고 빠른 길을 찾습니다. 결과가 눈앞에 보이지 않으면, 빠른 수익이 보장되지 않으면 선뜻 그 길을 선택하는 사람을 찾기가 어렵습니다.

별것 아닌 시시한 영상을 담은 유튜브 콘텐츠는 자극적인 문구로 조회수를 늘리고자 합니다. 플랫폼은 우리에게 짧은 영상을 클릭해서 순간적인 만족과 재미를 얻으라고, 결코 이곳을 떠나지 말라고 우리를 유혹하지요.

그런데 역설적이게도 성장과 성공에 관해 진정성 있게 이야기하는 콘텐츠는 거꾸로 느리게 가라고 말합니다. 자극적인 미디어 노출에서 벗어나 쉴 틈 없는 스마트폰 앱의 알림을 끄고, 자연 속에서 산책을 하고 책을 읽으며 생각하는 힘을 키워야 한다고 말합니다. 책을 읽었다면 자신의 생각을 글로 표현해보는 '글쓰기'를 꼭 해야 한다고요. 숏폼 전성시대에 부자가 되고 싶다면, 성공하고 싶다면 글쓰기를 시작하라니 아이러니한 현실입니다.

모두가 편한 길, 쉬운 길을 찾는 분위기 속에서 묵묵히 거꾸로 가는 사람들이 있습니다. 가장 호흡이 느린 콘텐츠, 글쓰기를 선택한 사람들이 많아지고 있습니다. 출근만 해도, 아이들만 챙겨도 나의 하루가 쉴 틈 없이 분주한데 뜬금없이 글쓰기라니? 뚱딴지처럼 느껴지기도 합니다. 하지만 이 역시도 분명한 변화의 물결입니다.

연말에 네이버에서 공식 발표하는 네이버 블로그 리포트에서, 유독 눈에 띄는 수치와 추세가 있었습니다. 글쓰기를 중심으로 사진과 영상을 더해 한 편의 포스팅을 발행하는 네이버 블로그의 사용자가 크게 증가했다는 리포트였지요.

네이버는 리포트를 통해 2022년에만 신규 네이버 블로그 개설 숫자는 200만 개, 2023년에는 136만 개에 달한다고 밝혔습니다.

2022년 기준 블로그는 전년 대비 사용자 수를 보았을 때 성장 추세에 있으며, 특히 10대와 20대 사용자의 성장이 17%로 가장 크다고 하네요. 신규 개설한 네이버 블로그 사용자의 연령대를 살펴보니 10대~30대가 76%로 젊은층, MZ세대의 신규 유입은 눈길이 가는 대목이었습니다.

점점 더 빨라지는 SNS 홍수 속에서 거꾸로의 길을 택한 사람, 가장

3200만이 쓰고 있는 블로그

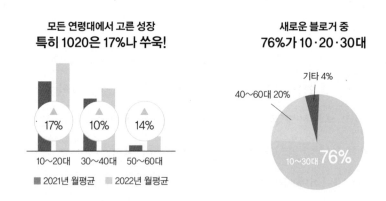

출처 : 네이버 공식발표자료 https://campaign.naver.com/2022blog/blogreport/

2023 블로그 데이터

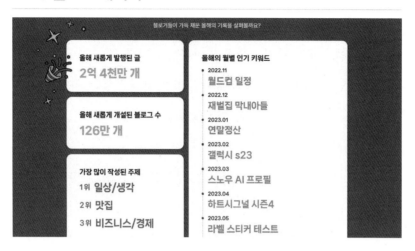

느린 콘텐츠인 '글' 기반의 네이버 블로그를 시작하는 사람이 많아졌다는 것은 무엇을 의미할까요?

짧고 자극적인 영상, SNS 속 사람들의 행복한 모습을 지켜보는 것이 그 순간에는 즐거움을 주지만 잠깐의 위안에 불과하다는 것을 알았기 때문일 거예요. 우리가 SNS 속 과시와 숏폼 영상에 반응은 하지만, 그것에 취해만 있어서는 안 된다는 경각심을 갖고 있으며, SNS에 대한 피로도가 쌓였기 때문입니다.

"유튜브 하고 인스타그램 해야 광고수익도 얻고 사용자를 빨리 모아 돈을 벌지! 요즘 시대에 무슨 블로그야? 무슨 글쓰기야?"

이 물음이 이 책의 시작입니다. 블로그 글쓰기라는 느린 길을 택하고 멈춤과 돌아보는 시간을 가지는 것이 어떤 의미가 있는지, 내 삶에 진정성 있는 물음을 던지고 답을 찾아가야 합니다.

길어진 인생, 그에 반해 훌쩍 짧아진 첫 번째 직장생활, 이제는 나 스스로 삶의 무기를 준비해서 살아갈 길을 찾아야 합니다.

이 책에서는 무엇보다도 가치 있는 투자를 하는 법, 나만의 이야기를 쌓아가는 법, 블로그로 그것을 이루어가는 과정을 안내하고자 합니다. 나다움을 발견하고 성장하면서 돈도 벌 수 있는 일, 시간이 걸릴지 몰라도 결국 충만한 제2의 삶을 가져다줄 길을 안내해드리겠습니다. 느리게 보이지만 결국 가장 빠른 성장을 가져오는 길, 그 길로 가기를 바랍니다.

우리 함께 블로그를 시작해볼까요?

시작하기 전엔 몰랐던
블로그의 진실 3가지

❶ 블로그로 월 100만 원은 쉽게 번다던데?

"집에서 글만 썼는데 월 100만 원이 따박따박 들어온대.

블로그 부업으로 애들 학원비만큼 번다던데?"

아는 사람의 아는 사람, 엄연히 따지면 남이지만 블로그로 돈 번 이야기에 귀가 솔깃해집니다.

"내가 블로그를 안 해서 그렇지, 시작만 하면 월 100만 원, 아니 못해도 월 50만 원은 벌 수 있을 거야!"

알 수 없는 자신감이 차오르기도 합니다.

블로그로 '월 100만 원' 벌었다는 누군가의 이야기에 '나도 해볼까' 라는 마음이 드시나요?

블로그로 돈을 벌 수 있는 방법은 여러 가지가 있습니다. 블로그 수익화라고 하면 어떤 것이 떠오르시나요?

가장 먼저 떠오르는 것이 협찬과 체험단입니다.

체험단은 제품이나 외식, 여행 등의 체험을 무상으로 제공받는 것으로 돈을 버는 수익보다는 지출을 아끼는 쪽에 가깝습니다. 예전에는 생활비를 아끼고 육아용품을 제공받기 위해 30~40대 주부들이 많았는데, 요즘에는 데이트 비용을 아끼려는 20대들도 많은 관심을 보이고 있습니다.

두 번째는 애드포스트 수익입니다.

네이버 애드포스트는 내 블로그를 광고 매체로 활용해 부수입을 만들 수 있는 보상시스템입니다. 광고의 노출과 클릭에 따라 수익이 발생하는데요. 꾸준한 글쓰기로 블로그의 활동성을 인정받으면 애드포스트에 가입할 수 있습니다.

'블로그 글만 써도 광고가 붙고, 그 광고를 다른 사람들이 보게 되면 나한테 돈이 들어온다고?'라는 부푼 마음을 가지고 애드포스트에 도전합니다.

그런데 만약 내가 광고주라면 아무것도 없는 블로그에 광고를 의뢰

하지는 않겠죠? 체험단에 선정되고 애드포스트 승인을 받으려면 내 블로그가 사람들이 많이 찾는 블로그가 되어야 합니다. 일정 기간 1일 1포스팅을 하면서 댓글 소통과 서로이웃 추가를 하면서 블로그를 키워야 해요.

저도 2~3개월의 노력 끝에 애드포스트 승인을 받았지만, 실제로 광고수익은 하루에 200원, 어떤 날은 14원일 때도 있었습니다. 이 돈을 벌려고 하루에 3~4시간을 노력했나 싶어서 자괴감에 빠졌습니다.

결국, 블로그 체험단, 애드포스트, 원고료의 수익으로 월 100만 원을 벌려면 하루 3~4개 포스팅을 해야 가능합니다. 하루에 1개 쓰는 것도 힘든데 하루에 4개를 쓰라고?! 이쯤 되면 차라리 블로그 할 시간에 다른 일을 하는 게 낫다는 생각이 들 수 있습니다.

또한, 이런 수익 외에도 사진과 글을 받아서 그대로 블로그에 올리고 원고료를 받는 방법도 있습니다. 하지만 이건 절대 하지 말라고 쫓아다니면서 말리고 싶네요.

나뿐만 아니라 수십, 수백 명의 사람에게 동일한 사진과 글을 제공하기 때문에 유사문서와 스팸 문서로 분류될 가능성이 커요. 흔히 말하는 저품질 블로그(검색에서 누락되는 블로그)가 되고 맙니다. 주변에 몇 명 지인이 이렇게 제공받은 원고로 블로그에 글을 올렸다가 회생할 수 없는 블로그가 되어 버려서 처음부터 다시 시작하는 경우를 많이 봤습니다.

CPACost Per Action라고 하는 쿠팡파트너스도 마찬가지입니다. 블로그에 쿠팡이나 다른 사이트로 가는 링크를 첨부하고, 그 링크를 통해 구매하게 되면 커미션을 지급받는 방식인데요. 광고 링크를 자주 넣어 글을 발행한다면 블로그 저품질로 가는 지름길이 될 수 있습니다.

이처럼 블로그로 돈을 벌 수 있는 방법은 많지만, 월 100만 원 벌기는 쉽지 않습니다.

저도 애드포스트 수익을 위한 블로그 운영을 해본 적이 있었습니다. 애드포스트는 포스팅 내용과 비슷한 광고가 포스팅 본문 중간이나 하단에 붙는데요. 너무 자연스러워서 포스팅의 일부분처럼 느껴지기도 합니다.

애드포스트 수익 단가는 광고 내용에 따라서 유동적입니다. 그리고 광고 배너를 클릭해야 수익이 발생하기 때문에 애드포스트로 월 100만 원 이상 꾸준히 벌기 위해서는 많은 노력이 필요하다는 것을 알게 되었어요.

제가 한때 애드포스트로 월세만큼 벌 수 있었던 것은 재테크, 금융 정보에 대한 포스팅을 중심으로 블로그를 운영했기 때문인데요. 주식 정보, 비트코인, 재테크 앱 정보 등 해당 포스팅의 광고를 애드포스트 수익화 커뮤니티에서 서로 댓글을 달아주거나 광고를 클릭해주는 행동을 매일 했어요.

그 후 이렇게 애드포스트 수익을 위한 비정상적인 활동을 지속한다면 네이버 측에서 대대적으로 조치를 하겠다는 공지도 올라왔습니다.

한 달에 적게는 30만 원, 많을 때는 60만 원까지 애드포스트 수익을 받는 일은 좋았지만, 관심사와 상관없는 주제로 매일 포스팅을 하는 것에 회의감이 느껴졌습니다.

딱 3개월 해보니까 알겠더라고요. 블로그로 돈을 벌 수는 있지만 나와는 맞지 않는 방법이라는 것을요.

❷ 블로거라면 글을 잘 써야 하는 거 아니야?

지인들에게 블로그를 해보라고 하면 10명 중 9명은 이렇게 말합니다.

"블로그는 글을 잘 써야 하는 거 아니야?
나는 글을 못 써서 블로그는 못해."

그 말을 들을 때면 과거의 내가 떠올랐어요.

'블로그 하는 사람들은 글도 잘 쓰고 특별한 경험도 많은 사람들이겠지.' 나와는 상관없는 세상이라며 마음속에 선을 긋고 바라보기만 했습니다. 몇 년이 지난 후, 제가 블로그 책을 쓰게 될 줄은 정말 몰랐습니다.

그런데 글을 못 쓴다고 하는 사람들의 글을 보면, 일목요연하게 정리가 잘 되어 있기도 하고, 담백하면서도 솔직해서 읽으면서 울컥하기도 했습니다. 사람의 목소리가 다 다르듯이 사람마다 글에서도 그 사람만의 개성이 느껴집니다.

'다들 잘 쓰면서 왜 글을 못 쓴다고 하는 거지?'

우리는 어린 시절부터 평가받는 글쓰기에 익숙해져 있습니다. 초등학교에 입학했을 때부터 받아쓰기로 평가를 받죠. 개인적인 경험과 생각을 적는 일기도 방학숙제로 검사받기 위해 씁니다. 교내 글쓰기대회, 백일장에서 상을 받아본 경험이 없는 사람들은 당연히 '나는 글을 못 쓴다'라는 생각을 어른이 될 때까지 합니다.

많은 사람들이 어린 시절 평가받는 글쓰기에 머물러서 스스로를 글을 잘 못 쓴다는 틀에 가둬두고 있습니다.

"글을 못 쓴다고요?
그렇다면, 어떤 글이 잘 쓴 글이라고 생각하세요?"

이 질문에 대답이 나오시나요? 저는 바로 대답하지 못했습니다. 잘 쓴 글에 대해 생각해본 적도 없고, 기준도 없었습니다. 그냥 나는 글을 잘 못 쓴다는 콤플렉스에 갇혀 있었습니다.

최근에 읽었던 책 중에서 인상 깊었던 문장이나 평소 좋아하는 작가님을 떠올려볼까요?

좋아하고 끌리는 글을 찬찬히 살펴보면 자신이 잘 쓴다고 생각하는 글의 기준을 알아차릴 수 있습니다. 저는 은유적인 표현, 모호했던 내 마음을 탁 읽어주는 수려한 문장이 떠오릅니다. 결국, 제가 잘 썼다고 생각하는 글의 기준은 문학적 표현이라는 걸 알게 되었어요.

문학에서 가장 중요하게 생각하는 은유적 표현, 아름다운 문장 같은 것들을 못 써서 글을 잘 못 쓴다고 생각하고 있었던 거죠.

여러분이 생각하는 잘 쓴 글은 어떤 글인가요?

블로그는 문학 작품이 아닙니다. 블로그 글쓰기는 수려한 문장, 독특한 표현과 생생한 묘사보다 '메시지 전달'이 중요합니다. 블로그 글을 읽었을 때 "이걸 쓴 사람이 어떤 말을 하고자 하는지 잘 알겠네"라고 분명하게 느껴져야 합니다. 내가 말하고자 하는 바를 정확히 잘 전달하는 것이 더 중요해요.

글쓰기 스킬보다는 개인의 경험과 생각이 잘 드러나는 글이 사람들의 반응도 좋고 스스로 만족감도 높아집니다. 사람마다 생김새도 다르고, 목소리가 다르듯이 글에도 그 사람만의 개성이 있어요. 잘 쓰고 못 쓴 글이 아니라 자신만의 스타일을 살리면 그 사람만의 유일무이한 글이 됩니다.

글을 쓸 때는 잘 쓰려고만 하지 말고 나만의 스타일로 써야 합니다.

나의 스토리를 파악하고, 나의 강점을 살려서 글을 써야 해요. 짧고 담백한 글을 잘 쓰는 사람이 긴 글이 부럽다고 그냥 따라하면 이도 저도 아닌 글이 되고 맙니다.

평범한 일상 속에서 특별함을 발견하게 해주는 도구가 '글쓰기'입니다. 일기장에 쓰는 글도 나름의 의미가 있겠지만, 나의 이야기를 세상과 연결할 수 있는 블로그에 기록하는 게 좋습니다. 한 사람이 가진 이야기는 문자화되지 않았을 뿐 이미 하나의 역사거든요.

❸ 블로그는 특별한 사람만 하는 거 아니야?

블로그를 시작하고 3개월 동안 하루 1개, 어떤 날은 2~3개씩 포스팅을 했어요. 당시 아이들을 키우면서 세상과 단절된 기분이 들었고, 말이 통하는 어른 사람과 소통하고 싶었어요. 밤 10시에 아이들을 재우고 거실로 나와서 책을 펼쳤습니다. 책 속 문장에서 고단한 마음을 위로 받고, 작가들의 이야기에서 세상과 다시 연결되는 느낌을 받았어요. 블로그에 읽고 있는 책 한 문장을 적고 떠오르는 생각이나 느낌을 쓰기 시작했습니다.

또한, 아이의 반짝이는 말을 오래오래 기억하고 싶어서 블로그에 기록했어요.

"엄마 나 요즘 왜 이렇게 행복하지! 행복해서 마음이 폭신폭신해. 내가 엄마를 잘 골랐다."

조막만한 손을 내 주머니로 쓰윽 넣으며 건넨 여섯 살 아이의 말, 그 어떤 고백보다도 황홀했던 아이의 고백. 독박육아로 얼어붙었던 마음이 사르르 녹아내리는 거 같은 기분을 글로 썼어요. 내가 쓴 글이지만 하루에도 몇 번씩 보면서 뿌듯함을 느꼈습니다.

읽고 있는 책, 아이와의 일상, 개인적인 기록들을 쌓아가며 블로그에 익숙해지니 다른 사람들이 보이기 시작했습니다. 도서 인플루언서 블로거는 사진부터 달랐습니다.

'이 사진은 DSLR 카메라로 찍은 건가? 어떻게 이런 사진을 찍는 거지?'

땡땡땡. 12시 종이 치고 마법이 풀린 신데렐라처럼 반짝반짝 빛나 보이던 내 블로그가 한없이 초라해 보였습니다. 어딘지 딱 꼬집어서 말할 수는 없지만, 사진도 엉망이고 두서없는 글을 누군가가 본다는 것이 부끄러워졌어요.

'나는 주말에 독박육아 중인데 저 사람은 가족여행을 자주 다니네. 그러니까 블로그에 쓸 내용이 많겠지…'

'어쩜 이렇게 글을 잘 쓸까? 원래 똑똑하고 글을 잘 쓰는 사람인가 봐. 블로그가 아니라 매거진 같은데.'

'글도 잘 쓰고 사진도 감각적이야. 그래, 블로그는 특별한 사람들이나 하는 건데…. 내가 아무것도 모르고 시작했네.'

잘 정리된 블로그들을 보면 특별히 잘하는 것도 없고 좋아하는 취미 생활도 없는 제 상황을 기록하는 것이 망설여집니다. 그렇게 블로그를 멈추었습니다.

남의 블로그만 기웃거리던 어느 날, 전직 교사에다가 얼굴도 예쁘고, 독서 모임을 오픈하기만 하면 우르르 사람들이 몰려가고, 누가 봐도 매력적이고 특별해 보이는 작가님의 블로그에서 예전에 쓴 초기 글을 보게 되었어요.

스케치북에 한가득 적어 내려가더니 '내가 뭘 좋아하는지, 뭘 잘하는지 모르겠어요'라는 2년 전의 글.

블로그 사진과 영상 속의 그 눈빛을 보면서 눈시울이 뜨거워졌습니다. 태어날 때부터 반짝반짝 빛나는 존재였을 거 같은 그 사람도 2년 전에는 나와 같은 고민을 하고 있었다니….

그때부터 그 블로그의 예전 글을 역주행하며 읽기 시작했어요. 블로그를 시작하고 뭘 써야 할지 모르겠다는 고민이 담긴 글, 아이와 함께 보낸 주말 일상, 짧은 책 리뷰 등 그녀의 기록을 보면서 무언가 마음에 와닿았습니다.

그리고, 지금껏 블로그를 하고 있습니다.

특별해서 쓰는 것이 아닙니다.

쓰면서 특별해지는 것입니다.

지금 특별하지 않아서 고민인가요?

블로그는 특별한 사람만 한다고 생각하나요?

처음부터 특별한 사람은 없어요. 범접할 수 없을 만큼 대단해 보이는 사람도 첫 시작은 지금 우리와 같았습니다. 오히려 비범하지 않기 때문에 기록을 해야 하고, 개인이 기록하기에 가장 좋은 도구는 '블로그'입니다.

3

성공한 사람들의
타이탄의 도구, 글쓰기

『세이노의 가르침』, 『타이탄의 도구들』, 『역행자』, 『150년 하버드 글쓰기 비법』 등 누구나 한 번쯤은 들어봤을 유명한 책입니다. 이 책들에서 평범한 사람이 성공을 이루기까지 기반이 되는 능력으로 강조하는 것이 있습니다. 성공하고 싶다면 꼭 필요한 능력 중 하나가 바로 '글쓰기'라는 겁니다.

얼마 전, 자기계발서 베스트셀러인 『아웃풋 법칙』 렘군(김재수, 2023) 작가의 북콘서트를 다녀왔습니다. 북토크를 하기 전 독자들에게 궁금했던 질문을 모았는데요.

'내 안에 있는 능력을 세상이 원하는 형태로 꺼내는 아웃풋을 하기 위해 가장 필요한 것이 무엇인가?'

이런 질문이 있었어요. 평범한 사람이 아웃풋을 하기 위해서 제일 먼저 필요한 것은 나 중심에서 독자 중심으로 관점을 전환시키는 것이었습니다. 그런데 평생 나 중심으로 살아왔던 사람이 독자 중심으로 관점을 전환하는 것은 생각보다 쉽지 않습니다. 이런 관점을 전환하기 위해 가장 좋은 방법, 바로 글쓰기입니다. 5년, 10년, 20년 동안 변하지 않는 방법 '글쓰기'. 정말 중요한 능력입니다.

'그런데, 글쓰기 능력을 키우는데 블로그를 하는 것이 도움이 될까?'라는 의문이 들 수 있어요. 네, 도움이 됩니다. 블로그는 온라인 콘텐츠의 요소인 글, 사진, 영상 중 글이 가장 중심이 되는 글 기반 소통 플랫폼입니다.

블로그를 시작할 때는 가볍고 일상적인 글을 쓰면서 그간 낯설었던 글쓰기와 친숙해질 수 있습니다. 일상적인 글쓰기에 익숙해졌다면, 알고 있는 정보와 경험을 버무려 글을 쓰는 단계로 넘어가게 됩니다. 직접 다녀온 맛집이나 여행 장소에 대한 정보를 알리는 글쓰기가 대표적이지요. 그 과정에서 혼자 쓰는 일기에서 독자를 고려한 글쓰기로 확장이 이루어집니다.

여기서 한 단계 더 나아가면, 정보를 담은 글에 나의 생각과 입장을 정리해서 글을 쓰게 됩니다. 그런 글을 칼럼이라고 하지요. 블로그를 시작했을 뿐인데 칼럼을 쓸 수 있는 역량까지 갖추게 되는 것입니다. 더 놀라운 것은 글쓰기 역량과 블로그의 성장이 함께 이루어진다는 것입니다. 블로그가 성장하여 영향력도 커지고 성공하는 사람들의 타이탄의 도구, 글쓰기 능력까지 갖추게 되니 두 마리 토끼를 한 번에 잡는 셈입니다.

블로그에 경험과 생각을 공유하면 다른 사람들에게 도움을 줄 수 있고, 댓글을 통해 글에 대한 피드백을 받을 수도 있습니다. 블로그에 꾸준히 기록하면서 글쓰기 능력뿐만 아니라 인생의 전환점을 맞이한 분도 많습니다.

그러니 제발, 기분이 좋은 날에도, 울적한 날에도, 블로그에 글을 쓰세요. 블로그 글쓰기를 하면 할수록 글쓰기 능력이 향상되고, 한 분야에 많은 글이 누적된다면 그 주제의 전문가가 될 수 있습니다. 생각지 못했던 기회를 만나게 될 것입니다. 지금보다 조금 더 나아가고 싶다면 '블로그 글쓰기' 이제는 필수입니다.

24시간

타임 테이블

반복되는 일상 속에서 나를 위한 시간, 성장을 위한 시간이 필요합니다. 효율적인 시간관리를 위해 나의 24시간을 적어보세요.
인풋과 아웃풋의 시간을 다른 색으로 표시해보세요.

예) 인풋: 책 읽기, 아웃풋: 글쓰기

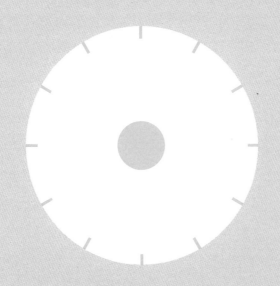

내용	이유
☐	
☐	
☐	
☐	
☐	
☐	
☐	

방해받지 않는 시간, 나 혼자만의 시간, 성장을 위한 시간을 찾아보고, 그 시간에 하고 싶은 것을 적어보세요.

시간	해야 할 일
☐ 05:00 ~ 06:00	블로그 포스팅
☐	
☐	
☐	
☐	
☐	
☐	
☐	
☐	
☐	

week 2

블로그 글쓰기

완벽보다 중요한 건 완료!
일단 써본다

1

내 블로그의 독자는
바로 나

블로그란 무엇일까요? 국어사전에 찾아보면, 자신의 관심사에 따라 자유롭게 칼럼, 일기, 취재기사를 올리는 웹사이트라고 정의되어 있습니다.

자신의 관심사에 따라 자유롭게 글을 올리는 곳이라는데, 왜 글 발행을 망설이게 되는 걸까요? 블로그에 글을 쓰다 보면 한 번씩 툭 멈추는 순간이 있습니다.

'내 글을 보고 누군가가 비웃으면 어떡하지?'
'이런 독백 같은 글을 써도 될까?'

'어제는 육아 글을 쓰다가, 오늘은 책 리뷰를 쓰는 나. 다른 사람이 보기에 우왕좌왕 정신없어 보이지는 않을까?'

타인의 시선이 의식되는 순간부터 포스팅 발행을 누르기가 참 어려워집니다. (사실 저도 임시저장 글이 계속 쌓이고 있다는 걸 고백합니다.)

그래서 타인의 시선이 의식될 때는 처음 블로그를 시작했을 때의 마음을 되돌아보곤 합니다.

'짜증 나!'

4살 첫째 아이와 갓 돌이 지난 둘째 아이. 아이 둘과 종일 집에 있으면서 시들어가던 시절…. 저녁을 먹고 쓰레기를 버리러 가는 그 잠깐의 시간이 하루 중 유일하게 혼자 있는 시간이었어요. 동그란 보름달이 비치는 아파트 단지, 살랑 불어오는 시원한 바람에 꽁꽁 묶여있던 마음이 스르르 풀어집니다. 그날 밤의 짧은 순간을 기록으로 남기면서 '퇴근이 늦은 남편이 밉다', '화가 난다'라는 감정 안에는 외로움과 두려움이 있었다는 것을 알게 되었어요.

뿌옇게만 보이던 내 마음속 감정들이 또렷하게 보이면서 냉랭하기만 하던 남편의 마음도 이해하게 되더라고요. 조금씩 블로그에 글을 쓰면서 감정의 해상도를 높여갔어요. 그때 내가 남들의 시선을 의식해서 글을 쓰지 않았더라면 지금 제가 이런 글을 쓰지 못했겠죠.

블로그를 처음 시작하는 분들에게, 특히 남들의 시선이 의식돼서 자꾸 글을 멈추게 되는 분들에게 꼭 드리는 질문이 있어요.

"내가 쓴 글을 가장 많이 보는 사람이 누구일까요?"

바로 '나'입니다. 글을 쓰면서도 읽고, 다 쓰고 나서도 맞춤법이 틀리지 않았는지 읽고, 글의 흐름이 매끄러운지 읽고, 여러 번 읽습니다. 발행하고 나서도 마찬가지입니다.

누가 댓글은 달았나? 수시로 확인하며 글을 읽습니다. 예전에 써놓은 글을 다시 읽는 것도 바로 나예요.

블로그 글쓰기가 멈춰진다면, 이것 하나만 기억하셨으면 좋겠어요.

내 블로그의 독자는 바로 나,
처음에는 나를 위한 글쓰기를 합니다.
쓸까, 말까 고민하는 이야기가 있나요?
그렇다면, 지금 바로 글쓰기를 시작하세요.

신나게 걸어가다가 발끝에 걸리는 돌부리처럼 과거의 어떤 사건이 떠올라서 마음이 괴롭다면 그 이야기를 써도 좋습니다. 나는 왜 잘하는 것이 없을까? 다른 사람들은 자신만의 취향이 있는데 나는 초라하게 느껴질 때도 있어요. 그런 마음도 좋아요. 쓰고 싶은 이야기, 이 이야기는 써봐야겠다는 마음이 든다면 망설이지 말고 써보세요.

글쓰기는 일상을 특별하게 만들어줄 뿐 아니라 고통에서 벗어나는 방법이기도 합니다. 우리 마음이 힘들다는 건 아직 내 마음이 과거에 머물러 있기 때문이에요. 현실적으로 과거의 장소로 돌아가서 그 인물들에게 나의 마음을 이해받기는 힘듭니다.

그 대신 나 스스로 힘든 이야기를 쓰면서 그 장면에서 벗어날 수 있어요. 글쓰기는 셀프 치유법이기도 하면서 삶을 평온하게 만들어주는 장치입니다.

블로그를 시작했다면, 다른 사람이 아니라 가장 먼저 나를 위한 글을 써보세요.

2

힘 빼기의 기술,
블로그 10분 컷의 비밀

　오랜만에 집들이에 다녀왔습니다. 거실에 신혼부부 웨딩사진이 걸려 있는 집에 가본 게 얼마 만인지. 새삼 만나는 사람의 폭이 넓어졌다는 생각이 들었습니다.

　블로그를 하기 전 인간관계는 딱 두 부류였어요. 직장동료 혹은 초중고 때 친구들. 직장동료 역시 나이를 벗어나지는 못했죠. 한국에서 끼리끼리 문화는 대부분 나이를 중심으로 펼쳐지니까요.

　그런데 온라인 세상에 들어오고 나서부터 달라진 점은 신체 나이가 아닌 공통의 관심사를 기반으로 만남을 이어갈 수 있다는 것이었습니다. 이날도 역시 20대부터 50대까지 다양한 연령대가 있었지만, 공감

포인트를 찾지 못해 정적이 흐르는 순간은 없었습니다. 밥을 먹고, 차를 마시는 동안에도 쉴 새 없이 이야기가 이어졌어요.

"어떡하지?" 집들이 선물로 인센스를 사온 친구가 갑자기 당황해서 물었습니다. 당연히 안에 있을 줄 알았던 홀더가 없어서 어쩔 줄 몰라 하자, 한 친구가 벌떡 일어나 주방으로 가더니 휙, 천혜향에 인센스를 꽂아서 들고 왔어요. "와! 대박!!" 맞아요. 없으면 없는 대로 주변에서 대체할 수 있는 것을 찾으면 됩니다.

환경이 나를 지배했고, 그 환경을 탓하며, 환경 속에서 옴짝달싹 못하고 가만히 있었던 나. 돌아보니 저는 뭐든 시작할 때 힘이 많이 들어갔습니다. 블로그를 처음 시작할 때 포스팅 하나 발행하는데 7시간씩 걸리기도 했어요. 사람들 시선이 신경 쓰여서 아무도 오지 않는 블로그에 글 하나 쓰면서도 힘이 잔뜩 들어가 발행 버튼을 누르지 못했습니다.

그날 모임을 마무리하고 집으로 돌아와 저녁의 깨달음을 기록하고 싶은 마음에 휘리릭 글을 썼습니다. 잠시 망설였지만 발행 버튼을 눌렀습니다. 샤워를 하고 알람을 맞추려 핸드폰을 켰습니다. 12시를 갓 넘긴 새벽 시간, 기적이 일어났습니다. 7시간 걸려서 잔뜩 힘을 줘서 쓴 글에는 댓글이 많아야 한두 개였는데, 10분도 채 걸리지 않은 글에 댓글이 무려 아홉 개 달렸습니다.

'뭐지? 내가 여태 뭐한 거지?'

그때 깨달았습니다. 완벽을 추구할수록 사람들은 더 다가오기 어려워한다는 것을. 툭 내뱉은 말이, 내게 다가올 수 있는 '틈'이었다는 것을. 빈약한 내 모습, 빈약한 내 실력, 들키고 싶지 않았구나. 비웃을까 봐 들킬까 봐 두려웠구나. 그래서 실행이 어려웠구나.

인정하고 나니 보이더라고요. 이웃들은 완벽한 사람을 좋아했던 것이 아니라 부족하지만 부족하다고 말할 수 있는 '나다운 사람'을 만나고 싶었다는 것을 말이죠.

지금도 여전히 가볍게 툭, 쓰는 것이 힘들다고 고백합니다. 하지만 이제는 알아요. 해봤으니까. 경험했으니까.

조금 더 솔직히 이야기하면, 우리가 과거에 어떤 일을 했고, 현재는 무엇에 열중하고 있고, 앞으로는 어떤 꿈을 꾸고 있는지 사람들은 크게 관심이 없어요. 우리가 얼마나 글을 잘 쓰는지는 더더욱 관심이 없지요. 7시간 걸려 쓴 우리 글을 보는데 3분이 채 걸리지 않는다는 사실, 알고 있었나요? 심지어 블로그 전체 평균 체류시간은 1분 남짓!

억울하지 않나요? 무엇을 위해 시간을 쏟는지 구분해야 우린 앞으로 갈 수 있어요. 과연 그 일이 나를 위한 일이었나? 타인의 시선 때문이었나? 냉정하게 다시 보니, 방향이 보였습니다.

아직도 누군가의 시선이 두려운가요?

나의 빈틈을 사랑하는 오늘이 되기를 바랍니다.

3

블로그 글쓰기의 비밀,
진정성

얼마 전, 요리를 전문으로 하시는 한 대표님을 만났습니다. 어떻게 이렇게 맛있는 음식을 만드시냐고 물었습니다. 요리하는 시간보다 좋은 재료를 찾는데 더 많은 시간을 쏟는다고 하시더라고요.

맛을 결정하는 것은 요리사의 기교가 아니라 재료 본연의 맛을 살리는 것이라고요. 쓴맛은 쓴맛대로, 단맛은 단맛대로 재료가 가진 고유의 맛, 그것을 찾아내고 조화롭게 잘 버무리는 것이 맛을 결정한다는 말입니다.

대표님도 사실 젊을 때는 스스로 최고의 요리사였다고 자부하며 특이한 요리를 개발하는 것에 열심이었다고 합니다. 하지만, 시간이 흘러 결코 인간은 자연을 이길 수 없다는 것을 알게 되었다고 고백하셨어요. 스스로를 낮추고, 재료 그 자체를 빛나게 하는 법을 끊임없이 고민하신다는 말에 저절로 숙연해지는 순간이었습니다.

간이 쎄거나 강한 맛을 내는 것들은 오히려 재료의 부족함을 감추기 위한 트릭이니 그것에 속지 않아야 한다고, 현혹되지 말라고 조언해주셨죠. 대화를 나누고 돌아와서 대표님의 말에 한참 머물렀습니다.

정말 좋은 브랜드는 광고나 마케팅으로 소비자를 현혹하지 않는 것이구나. 그저 본연의 모습 그대로 승부하는구나. 그렇다면 우리가 해야 할 일은 1개를 가지고 있으면서 10개인양 포장하는 것이 아니라, 1개를 더 잘 표현하기 위해 정성을 다해야 하는 것은 아닐까? 생각하게 되는 순간이었어요.

그럼, 퍼스널 브랜딩을 잘하려면 어떻게 해야 해요?

브랜딩의 핵심은 스토리텔링이라는 것도 이제는 웬만큼 다 알고 계시죠. 그런데 진짜 아는 것과 아는 척하는 것은 달라요. 정말 현란하게 글만 잘 쓴다고 스토리텔링이 될까요? 그럼, 글 잘 쓰는 작가를 붙여서 브랜딩하는 기업이 다 잘돼야 하는 거 아닌가요?

스토리텔링이 말은 쉽죠. 사람들이 공감할 수 있게 브랜드에 스토리를 입혀 그 속에 가치를 녹여내면 되는 거죠. 그거에 사람들이 동조하고 열광하면 팔리는 브랜드가 되는 거고.

하지만 이 단어들은 말로 외친다고 가슴에 가서 박히지 않습니다. 이제 사람들은 생각보다 똑똑해요. 당장은 속일 수 있지만 롱런하긴 어렵습니다. 겉만 번지르르한 포장지에 한두 번은 속을 수 있지만 오래가긴 어려워요. 진짜여야 해요. 진짜여야 마음을 움직이죠.

지금 당장 홍보를 못해서, 마케팅을 못해서 매출이 안 나오는 대표님들은 그래도 희망이 있어요. 몰라서 그렇지 진짜니까요. 조금만 기술을 얹으면, 조금만 마케팅 기법을 배우면, 조금만 도와주는 사람을 만나면 그다음은 탄탄대로입니다.

결국 '사람'이라는 재료가 신선하지 않으면 썩은 재료로 요리하는 것과 같아요. 그저 돈 버는 것에만 혈안이 되어서 어떻게든 잘 팔기 위해 포장지만 신경쓴다면 먹지 못하는 예쁜 쓰레기가 만들어집니다.

퍼스널 브랜딩, 스토리텔링의 과정은 큰 줄기로 보면 고통스러운 두 가지 과정을 통과해야 합니다. 길고 긴 터널을 통과해야 비로소 진짜 이야기가 시작됩니다.

첫째는 회고하기

둘째는 마주보기

묻어둔 자신의 과거로 들어가 죽을힘을 다해 그 속을 파헤쳐야 해요. 이미 쓴 기록이 있다면 그나마 수월하겠지만 대부분의 기억들은 시간과 함께 사라져서 여기저기 파편이 되어 있을 거예요.

과거, 날것의 나, 그때 그 순간의 나를 만나는 시간이 필요한데요. 보여주고 싶은 내가 아닌 진짜 나를 보여주면 그때부터 나의 이야기는 힘이 생깁니다.

그런데 대부분 그 시간을 아예 시작조차 하지 않거나, 기껏 용기를 내서 시작해도 이내 비공개로 돌려버립니다. 과거는 중요하지 않다며 현재만 이야기합니다.

'대단한 나'가 아닌 '별것 아닌 나'와 직면하는 시간. 많은 분들이 이 시간을 가장 고통스러운 시간이라고 말합니다. 누군가는 울기도 하고, 누군가는 소리 지르기도 하고, 누군가는 조용히 포기하기도 해요. 그리고 덮어버리죠. 다시는 꺼내지 않을 거라 말하며 두꺼운 벽을 쌓아 올립니다.

그리고 소설을 쓰기 시작합니다. 그럴 듯한 여주인공을 등장시켜 평생 고생 한 번 안 해봤을 법한 고상한 여자가 그 자리를 대신합니다. 스스로도 낯선 사람을 매일 마주하며 가면을 씁니다. 썩은 재료에 강한 맛을 더해 그럴싸한 접시에 내어놓습니다.

퍼스널 브랜딩, 휴먼 브랜드의 시작은 일반적인 브랜딩 과정과 달라요. 자신의 고유한 이야기, 날것의 아픔, 후회, 갈등, 고통, 위기, 그모든 것들이 내가 브랜딩하려는 주제와 연결될 때 건강한 재료가 됩니다.

　내 과거의 아픈 이야기를 다 블로그에 오픈하라는 것은 아니에요. 그때의 나를 인정해야 거기에서부터 시작할 수 있다는 말입니다. 솔직하게 있는 그대로의 나를 보여주고 기록할 때 사람들은 진짜를 알아봅니다.

　트렌드를 아는 것, 좋은 아이템을 찾는 것, 자본금을 확보하는 것도 물론 중요하지요. 그런데 '솔직함'을 잃으면 안 돼요.

4

스토리텔링을
잘하려면?

"로미 님, 어떻게 하면 퍼스널 브랜딩을 잘할 수 있죠?"

대학원에 갔더니 한 대표님이 물었습니다. 한 개인이 브랜드가 되려면 어떻게 해야 할까요? 퍼스널 컬러를 정하고 브랜드 네이밍을 짓는다고 브랜딩이 되는 것이 아닐 텐데 말이죠. 퇴사하고 내 이름으로 살겠다고 생각한 후 온통 머릿속을 지배한 건 '퍼스널 브랜딩'입니다.

퍼스널 + 브랜딩 = 개인 + 브랜딩

브랜딩 = 브랜드 + ing

그렇습니다. 브랜딩은 브랜드가 아닙니다. 하나의 브랜드가 살아움직이기 위해서는 주인공이 있어야 하고 그 주인공의 스토리가 있어야 합니다. 브랜딩을 잘하기 위해 필요한 한 가지를 꼽으라면? 바로 '스토리텔링'입니다. 그래서 단호하게 대답했죠.

"스토리텔링을 잘해야죠!"
"아니, 그걸 누가 모르나?"

알지만 그걸 어떻게 해야 할지 모르겠다는 말이 뒤따라왔습니다.

리블로그 팀원들에게 다시 질문을 던졌습니다. 브랜딩을 잘하려면 스토리텔링을 잘해야 한다는 것에는 모두 동의했지만, 도대체 그걸 어떻게 해야 할지 모르겠다는 답이 돌아왔습니다. 아뿔싸! 당연히 알고 있을 거라 생각했는데, 같은 단어를 보고 있지만 다르게 이해하고 있었습니다. 어디에서 막혀 있는 걸까요? 어떤 부분을 잘못 이해한 걸까요? 3시간 넘는 릴레이 회의 끝에 하나의 실체를 알아냈습니다.

스토리텔링을 하기 위해 사람들은 '과거'에 방점을 찍고 있었다는 사실입니다. 스토리텔링을 잘하기 위해 사람들은 자신의 과거 이야기를 해야 한다고 생각했습니다. 그래서 어디까지 자신을 오픈해야 할지 고민하고, 개인적인 사생활을 공개해야 한다고 생각하니 부담스러워했습니다.

그런데 만약 스토리텔링의 방점을 과거에 둔다면, 머지않아 소재는 고갈될 것이고 추억팔이는 신파가 될 게 뻔합니다. 과거를 파는 사람들은 오래가지 못합니다.

반대로 현재를 판다면? 현재 내가 하는 일의 이유를 설명하고, 그 과정에서 일어나는 에피소드를 기록하고, 그 중간중간 필연적으로 발생하는 어려움들을 공유한다면? 자연스레 사람들은 다음 스토리를 궁금해할 것이고, 때론 주인공과 함께 웃고, 함께 격분하며 자연스레 팬이 되어줄 것입니다.

다만, 현재에 머물러 있으면 안 됩니다. 이야기의 3요소는 인물, 사건, 배경이니까요. 이미 인물은 '나'로 결정되어 있고, 내가 사는 환경이 배경이 되니, 스토리텔링이 완성되려면 반드시 사건이 존재해야 합니다.

새롭게 일을 벌이고, 프로젝트를 만들고, 사건을 만들어내야 합니다. 이야기가 만들어지려면 반드시 있어야 하는 사건, 이게 핵심입니다. 그 사건을 중심으로 스토리텔링이 만들어질 때 자연스레 사람들은 그 이야기를 궁금해할 것이고, 그 이야기를 통해 브랜딩이 되는 것이 절대적인 성공법칙입니다.

과정이 솔직해지는 만큼 브랜딩의 힘은 커질 것입니다. 스토리텔링이 어려운가요? 그렇다면 오늘부터 이야기 거리를 만들기 위해 사건을 만드세요. 그 과정을 즐기고 기록하세요!

5

여전히 뭘 써야 할지
고민이라면

블로그 글쓰기를 시작해보셨나요?

작가가 적성인 거 같다며 술술 잘 써지는 분도 있고(드물지만 첫 글쓰기가 즐거웠다는 분들도 있거든요), 블로그 포스팅은 폰트부터 줄바꿈, 편집까지 은근히 신경쓸 게 많아서 당황하기도 합니다. 그래도 '블로그에 군이 이걸 써야 해?'라는 물음은 가뿐히 건넜기를 바랍니다.

어쩌면 블로그 글쓰기가 어렵다는 건 쓸거리가 있을 때의 행복한 고민이라고 할 수 있습니다. 블로그에 글을 쓰다가 가장 막막했던 순간은 "오늘은 뭘 쓰지? 도대체 뭘 쓰지? 이런 것도 써도 되나?"라는 물음과 함께 멈칫하게 되는 때가 아닐까요?

처음에 무슨 글을 썼는지, 블로그의 예전 글을 찾아보았습니다. 당시 둘째를 출산하면서 육아휴직 중이었는데요. 집에서 초등학교 1학년인 첫째와 돌도 안 지난 둘째를 돌보며 지내고 있었어요. 아이들 밥 챙기고 청소하고 둘째와 놀아주고 첫째 등하교를 함께하는 엄마의 시간이 하루의 전부였지요. 블로그에 쓸 수 있는 글도 자연히 나의 일상, 관심사에 대한 글이었어요.

그 당시 건강을 위해 스테인리스 팬과 주물 프라이팬을 사용하는 것에 열중하고 있어서 조리도구를 소개하는 포스팅을 쓰기도 했습니다. '뭐, 이런 개인적인 이야기를 써도 되나?'라는 물음을 가질 틈도 없었던 것 같아요. 쓸거리가 마땅히 없으니 뭐든 써보자는 용감한 마음이 앞섰던 것 같습니다.

나이 차이가 많이 나는 두 자매의 나이와 개월 수를 적고 둘의 모습을 기록하기도 했습니다. 동네를 다닐 때 따릉이를 자주 이용했는데요. 따릉이 정기권을 등록하며 알게 된 정기권의 종류와 사용법을 포스팅하기도 했습니다. 카드포인트 적립 혜택과 쌓인 포인트 금액을 정리해서 적기도 했고, 당시 막 도입되었던 마켓컬리의 새벽배송, 쿠팡의 로켓배송, 로켓와우라는 신세계에 관해 적으며 『부의 추월차선』(토트출판사, 2022)에 나오는 이야기를 담아놓기도 했네요.

작정하고 블로그를 키워보겠다, 브랜딩을 해서 나를 키워보겠다, 이런 결심을 할 생각도 못했고, 쓸 수 있는 건 뭐든 적어보자는 마음에서 시작했기 때문에 신변잡기인 개인적인 포스팅이 대부분이었습니다. 일상과 아이들 이야기는 참 사적이고 소소했습니다.

그런데 카드포인트 포스팅은 꾸준히 유입이 생기더니 조회수가 5,000을 넘었습니다. 막 시작한 초보 블로그도 검색으로 유입이 되고, 상위노출도 된다는 것을 경험할 수 있었습니다. 새벽배송 포스팅을 오랜만에 다시 열어 보니 "편리함이라는 마케팅의 언어에 현혹되어, 필요함이라는 욕구를 억지로 만들어 냈던 것은 아니었을까?"라는 문장을 다시 발견할 수 있었습니다.

나의 하루, 나의 일상에서 가장 가까운 것, 매일 반복하는 일부터 글로 써보기, 글감이 없어 고민이라면 이 방법을 강력하게 추천드립니다. 매일 반복하는 평범한 일상이지만 기록하는 순간부터 의미가 생긴다는 것을 경험할 수 있을 겁니다.

시간이 흐른 지금, 블로그 글을 열어 보니 당시 나의 하루, 주된 관심사, 고민과 하고 싶은 것들이 새롭게 보입니다. 그 누구보다 나에게 의미가 있는 나만의 기록입니다.

사적인 글이어도 괜찮습니다. 시작하는 시점에는 블로그에 글을 쓰고 발행을 하는 것, 익숙해지는 것이 먼저입니다. 그 과정에서 나 자신을 알아가는 시간을 가질 수 있습니다. 블로그가 익숙해지고 글을 쓰는 것이 의외로 재미있다는 것을 느낄 수 있습니다.

조회수와 상위노출을 목적으로 블로그 포스팅을 발행하는 것은 생각한 것보다 훨씬 더 많은 시간을 들여야 합니다. 물론, 경제 분야 재테크, 패션뷰티, 여행과 맛집처럼 하나의 메인 주제를 잡아서 수년 동안 꾸준히 글을 쓰는 게 성장하는 블로거가 되는 지름길인 것은 분명합니다.

하지만 중요한 것은 '지속'입니다.

시작하는 블로그는 네이버 광고 수익이 기대만큼 크지 않습니다. 매일 2~3시간씩 애써서 포스팅하는 시간을 생각해보면 더 힘이 빠지지요. 처음부터 높은 수익을 바라고 정보성 글만 쓰다 보면 얼마 지나지 않아서 기대보다 적은 수익에 실망하게 됩니다. 블로그에 대한 재미와 의미마저 잃어버리기 쉽습니다.

네이버에서 좋은 블로그 글로 판단하는 기준은 개인의 경험과 진정성입니다.

진정성 없이 정보만 담는 글은 잠깐 조회수는 반짝일지언정 블로그의 즐거움과 개인의 성장까지 가져오기 어렵습니다. 개인적인 이야기는 지금 당장은 아무도 관심 없을 것 같고 혼자 메아리치는 것 같지만, 나를 객관적으로 관찰하고 내 마음을 들여다보는 일에 도움이 됩니다. 글쓰기가 즐겁다는 것을 느끼게 합니다.

또한, 내 생각과 경험을 잘 담아낼 수 있어야 독자가 반응하고 진정성 있는 소통을 시작할 수 있습니다.

글쓰기의 즐거움을 먼저 느끼고 내면을 돌아보는 시간은 조회수가 낮아도 의미 있는 과정이었습니다. 개인 브랜딩이란 블로그만 키우는 것이 아니라 결국 나를 키우는 것입니다

오늘 있었던 일, 인상 깊었던 경험, 주말 일과, 내가 좋아하는 대상, 앞으로 하고 싶은 일에 대해 적어보세요.

책을 읽었다면 인상 깊었던 문장과 내 생각을 적어보세요. 맛있는 음식을 먹고 왔다면 사진과 함께 기록하세요. 그리고, 그 식당과 맛있었던 메뉴를 소개하세요. 최근에 배우자와 다투었다면 왜 다투었는지, 어떻게 해결할 수 있었는지, 그 과정에서 깨달은 점은 무엇인지, 객관적인 시선으로 나를 적어보세요.

다이어트나 저질체력처럼 지금 고민이 있나요? 그것을 해결하기 위한 나의 도전을 기록하세요. 문제를 해결하기 위해 내가 하는 일들과 경험, 그 과정에서 배운 점, 이웃들에게 나누고 싶은 이야기를 쓰세요.

다만, 개인적인 글을 적을 때 주의할 점이 있습니다.

타인에 대한 글을 쓸 때는 사람들과 나누고 싶은 배움이나 경험이 있을 때 나의 성장, 독자의 성장을 바라며 써보세요. 다수에게 공개하는 기록인 만큼 가족, 친한 친구와 나누는 수다처럼 확 내뱉어 버리면 곤란합니다.

나만의 노트는 따로 하나 마련해두세요. 참을 수 없이 속상한 마음이 쏟아질 것 같을 때, 블로그를 열기 전에 그 노트를 펼쳐 손글씨로 적어보세요. 감정 해소에도, 블로그 성장에도 더 효과적이랍니다.

나의 기록은 과거가 아니라 미래를 향해 나아가야 합니다. 과거에서 맴돌고 머무르며 끝나는 것이 아니라, 더 성장하고 달라져 있을 미래의 나를 떠올리며 한발 한발 느리게 나아가는 지금의 모습을 적어보세요.

처음부터 대단한 나를 남기려고 하지 않아도 됩니다. 우리는 처음부터 완벽한 사람의 이야기보다 평범하고 부족해 보이던 주인공이 여러 사건을 겪으면서 성장하는 이야기를 좋아하고 그것에 빠져듭니다.

사람들은 연예인처럼 깡마른 다이어트가 아니라, 평범하게 65kg에서 55kg으로 다이어트에 성공한 이야기에 열광합니다. 블로그에 현재의 내 일상과 경험, 고민과 바람들을 적고, 그 과정을 적어보세요.

시작은 너무 개인적인 것 같지만, 분명히 천천히 앞으로 나아갈 것입니다.

6

사진과 동영상도
글이다

"블로그는 글을 잘 쓰는 사람만 하는 거 아닌가요?"

블로그는 글쓰기만 잘하면 될까요?

많은 분들이 블로그 포스팅을 할 때 글쓰기만 잘하면 된다고 생각합니다. 반은 맞고 반은 틀립니다. 블로그 포스팅에는 글과 함께 사진, 동영상을 첨부할 수 있어서 글쓰기를 잘하지 못해도 쓸 수 있습니다.

우리 잠깐 눈을 감고 생각해볼까요? 상품의 후기, 여행지에 대한 정보를 찾았는데, 글로만 설명하는 포스팅과 사진, 동영상이 함께 있는 포스팅 중 어느 것에 더 시선이 머물까요?

사진과 동영상 등 시각자료를 첨부하면 글로 표현하기 힘든 생동감과 현장감, 정보를 독자들에게 또렷하게 전달할 수 있습니다. 글이 힘들다면 사진으로 표현해보세요.

"아티스트에게 가장 중요하고 어려운 숙제는
어떻게 자신을 드러내느냐다."
_ 발자크경

글쓰기만으로 경험을 공유하는 것은 한계가 있습니다. 정확한 정보가 필요한 사람에게는 열 마디 말보다, 길게 쓴 글보다, 생생한 현장감이 느껴지는 사진과 동영상이 신뢰를 줍니다. 이런 점에서 블로그는 글쓰기뿐만 아니라 사진, 동영상 모두 첨부할 수 있어 요즘 시대에 딱 맞는 플랫폼입니다.

'블로그에 넣을 사진이 없어요.'
'잘 찍은 사진이 아닌데, 포스팅에 써도 될까요?'

처음에는 내가 찍은 사진을 블로그에 공유하는 것이 부담스러울 수 있습니다. 글쓰기도 어렵지만 사진을 어떻게 찍어야 하는지, 어떤 사진을 포스팅에 넣어야 하는지 고민하는 분도 많습니다.

블로그 글감 탭의 무료 이미지 혹은 핀터레스트에 있는 사진은 예쁘고 감성적이며 전문가처럼 보이지만, 블로그를 하는 누구나 쓸 수 있는 사진입니다. 많은 사람이 사용하는 사진으로 나만의 개성을 드러낼 수 있을까요?

우리는 전문가처럼 전시회에 출품하기 위한 사진을 찍는 것이 아닙니다. 사진과 동영상은 보는 사람에 따라 해석이 다르기 때문에, 경험과 생각을 기록하는 블로그에 가장 좋은 사진은 모두가 감탄하는 '잘' 찍은 사진이 아니라, 나만의 시선이 담긴 사진입니다.

일상 속 내가 하는 일, 작업, 경험 속에서 본 것을 사진 찍고 블로그에 기록으로 공유해보세요. 블로그 이웃에게 나의 관점과 시선이 자연스럽게 스며들 것입니다.

"사진으로 글쓰기는 누구나 시간과 마음만 내면 자신이 가장 편한 방식으로 시작할 수 있는 자유로운 글쓰기입니다."
_『사진으로 글쓰기』(북바이북, 2022)

7

블로그의 별사탕,
일상 포스팅

    네이버는 하나의 주제를 포스팅하는 전문적인 블로그를 좋아합니다. 많은 블로거가 하나의 주제로 포스팅을 꾸준히 쓰면서 그 분야의 전문 인플루언서로 성장합니다. 반면에, 한 가지 주제로만 글을 쓰다가 주제에 갇혀 포스팅을 못하는 경우도 많습니다.

    '주제'는 블로그를 시작할 때나 블로그에 포스팅을 올리는 사람이라면 누구나 갖는 고민입니다. 중요한 만큼 쉽게 찾아지지 않는 것 또한 '주제'입니다. 많은 사람이 지금 잘나가거나 인기 있는 주제로 블로그를 시작했다가 얼마 가지 못해 "이 길이 내 길이 아닌가벼" 하고 멈춥니다.

그렇다면, 주제는 어떻게 찾아야 할까요?
질문을 살짝 바꾸어, 주제를 꼭 찾아야 할까요?

처음부터 주제를 정하는데 스트레스를 받으면 블로그 글쓰기가 어렵게만 느껴져서 시작조차 못할 수 있습니다. 주제 정하는 것이 어렵다면 지금의 생각을 편하게 쓸 수 있는 일상 포스팅부터 시작하세요.

대학교 때 남자친구가 군대 장교였습니다. 휴가 나올 때마다 가방 한가득 건빵을 가지고 왔는데요. 건빵을 원 없이 먹을 수 있었습니다. 건빵을 먹다 보면 목이 꽉 막혔던 적이 한두 번이 아니었는데요. 그때마다 안에 들어있는 별사탕을 찾아 먹으면 입에 침이 돌면서 꽉 막힌 목이 쑤~욱 내려갔어요.

건빵에 꼭 필요한 존재, 별사탕을 일상 포스팅이라고 표현합니다. 주제에 꽉 막혀서 글을 쓰지 못하는 분들의 생각과 고민을 일상 포스팅으로 해결할 수 있어서입니다.

일상에 대한 포스팅을 쓰다 보면 자연스럽게 자신이 자주 쓰는 주제를 발견하게 됩니다. 일상 포스팅을 쓰면서 오랫동안 꾸준히 글을 쓸 수 있는 나만의 주제를 찾아보세요.

일상 포스팅은 구구절절 있었던 일만 쓰면 될까요? 아닙니다. 브랜딩 블로그를 만들어갈 때 일상 포스팅에도 룰이 있습니다.

브랜딩이란 결과가 아닌 과정을 기록하는 것부터 시작입니다. 있었던 일이나 감정만 기록한 글은 시간이 지나서 읽었을 때, 내가 썼어도 이해가 되지 않아 이불킥을 여러 번 할 수 있습니다. 따라서, 경험에서 느끼게 된 감정과 과정 중에 알게 된 점을 함께 써줘야 합니다. 그래야 같은 경험을 한 분들과 진심 어린 소통이 가능합니다.

　감정만 구구절절 기록하는 것이 아니라 과정과 경험을 적고 알게 된 점(깨달은 점)을 함께 적어주는 것. 나의 기록과 읽는 독자들에게 도움이 되는 일상 포스팅이 되어야 합니다.

　나에게는 일상적인 것이지만 다른 누구에게는 특별한 정보가 될 수 있어요. 오히려 일상 포스팅이기 때문에 본인만의 매력적인 요소가 드러날 수 있다는 점을 기억하세요. 블로그 글쓰기가 안 될 때 입안에 침을 가득 고이게 하는 별사탕의 의미를 생각하길 바랍니다.

8

문체로
나만의 개성을 담는 법

"블로그에서 봤던 모습 그대로인 것 같아요."

"○○님이 읽어주는 느낌이었어요."

"연예인 보는 것 같아요."

처음 본 사람들에게 연예인 보는 것 같다는 이야기를 들었습니다. 예뻐서? 유명한 작가라서? 설마요. 그럴 리가요. 블로그 때문이었습니다.

코로나 시기에 온라인 활동이 두드러지면서 SNS, 영상 플랫폼이 빠르게 발전했습니다. 예전에는 기업이나 전문가, 유명인만 막대한 비용을 들여 브랜딩을 했다면, 지금은 누구나 브랜딩을 할 수 있는 1인 미디어 시대입니다.

과거에 비해 비용도 적게 들고, 누구나 시작할 수 있기 때문에 많은 사람들이 브랜딩을 위해 나만의 콘텐츠를 제작하고 있습니다.

여기서 잠깐! 오프라인 모임에서 처음 본 이웃 블로거로부터 "블로그에서 보는 것과 똑같아요. 연예인 보는 것 같아요"라는 이야기를 들어본 적이 있다면, 바로 다음 챕터로 넘어가도 됩니다. 하지만, 그런 말을 들어본 적이 없다면 지금부터 집중해서 봐주세요.

처음 본 이웃 블로거는 어떻게 저를 알아봤을까요?

블로그에서 보는 것과 똑같다는 말은 무슨 의미였을까요?

많은 사람들이 블로그 글쓰기를 하기 전에 많이 고민하는 것 중 한 가지가 있습니다. 미비한 것 같지만, 크게 티가 나는 '문체'입니다.

블로그에서 쓸 수 있는 문체는 크게 구어체와 문어체로 나눌 수 있습니다.

구어체는 친근하고 편하게 읽힌다는 장점이 있습니다.

(~했어요, ~예요.)

말하듯이 쓰는 글은 마치 아는 사람의 이야기를 듣는 것처럼 친근하게 느껴집니다.

문어체는 간결하게 잘 정리되어서 명확하게 표현됩니다.

(~했다, ~이다.)

에세이에 자주 쓰이는 문체로, 블로그 포스팅으로 보면 한 편의 에세이를 읽는 듯한 느낌이 듭니다. 하지만 구어체보다 딱딱한 느낌을 줄 수 있고, 소통하는 느낌과는 거리가 있습니다.

따라서, 블로그에서 이웃과 소통하기에 적합한 문체는 친절하고 다정한 느낌의 구어체입니다. 하지만 글의 성격에 따라 문체가 바뀔 수 있고, 하나만 사용하지 않아도 됩니다.

문체는 블로그 운영하는 사람의 개성을 잘 드러나는 것이므로 정답이 없습니다. 다만, 오프라인에서 만났을 때 익숙한 느낌을 원한다면 평소 내가 쓰는 말투를 생각하며 문체를 선택하세요.

별거 아니라고 생각했던 것들이 나라는 사람을 다른 사람에게 각인시켜주는 효과가 있을 때가 있습니다. 평소 내가 사용하는 말투가 무엇인지 한번 생각해보세요.

만약 모르겠다 싶으면 나를 가장 잘 아는 가족, 혹은 친구에게 물어보는 것도 방법입니다.

9

생각만 하지 말고
'그냥' 해버린다

"블로그를 운영하면서 가장 힘든 것이 무엇이었나요?"

이 질문을 많이 받습니다. 사실 지금도 블로그를 할 때 어려운 점이 있습니다. 하지만 이제는 블로그를 하는 횟수에 따라 문제와 해결법이 달라진다는 것을 알게 되었습니다. 질문에 대한 제 답은 이렇습니다.

"주제를 잡고 열심히 포스팅 했는데, 반응이 없어요. 결과도 결과지만, 시간과 공을 들인 포스팅에서 무엇이 부족한지 피드백을 받고 싶은데, 받을 방법이 없다는 것이 가장 힘들어요."

공감이 없어도 반응이 없어도 계속 써야만 했던 그 시절, 부족한 것을 알면 그 부분을 채우면서 완성도를 높였을 텐데요. 물어볼 곳이 없었기에 부족함을 안고 그대로 글을 쓰는 것이 가장 힘들었다는 답을 드렸습니다. 블로그 시작점이 각기 다른 리블로그팀 모두가 같은 고민을 했습니다. 그래서 '2주차 블로그 글쓰기'에서는 블로그를 시작하는 분 혹은 멈추었다 다시 시작하는 분들이 적용할 수 있는 여러 방법을 알려드렸습니다.

2주차에 블로그 글쓰기가 있다는 것은 그만큼 중요하고, 많은 사람이 어려워서 멈추기 때문입니다. 블로그를 멈추는 이유를 알아볼게요.

첫째, 다른 사람들의 시선이 신경쓰여요

'내가 뭐라고, 글을 잘 쓰지도 못하는데. 가만히 있으면 반이라도 가는데. 괜히 포스팅 써서 망신만 당하면 어떻게 하지?'

많은 분들이 시작도 하기 전에 다시 멈추는 이유, 다시 시작했어도 멈추는 가장 큰 이유는 '내가 뭐라고'가 가장 컸습니다. 타인의 시선에 대한 두려움 때문입니다.

저도 처음엔 '공감과 댓글' 수에 엄청 신경썼던 사람이었습니다. 그런데 타인의 시선의 본질을 깨닫고, '공감과 좋아요'에 대한 집착을 버리고, 진짜 블로그 글쓰기를 할 수 있게 되었어요.

많은 사람들이 보면 쓰고 싶은 글을 쓰지 못한다는 말도 있는데요. 관점을 바꿔보면 지금 아무도 관심이 없을 때, 주제가 없을 때 쓰고 싶은 글을 마음껏 써볼 수 있습니다. 다른 사람들의 시선이 두려워서 블로그를 멈추었다면, 이제 문제가 해결되었죠?

사람들은 다른 사람이 쓴 글에 크게 관심이 없습니다. 시작점은 내가 쓰고 싶은 글을 쓰면서 글쓰기 실력을 키울 수 있는 최고의 시간입니다. 글쓰기는 머리로 생각하는 것이 아니라 직접 써야만 실력이 늘어납니다. 일단 시작하세요.

둘째, 마음먹고 시작했지만 시간이 부족해요

우리에게는 똑같이 24시간이 주어집니다. 이 시간 동안 각자에게 필요한 것을 선택하고 집중하면서 시간을 꾸려갑니다. 마음먹고 블로그를 시작했지만 뚜렷한 목적이 없다면, 중요한 일에 밀려 멈추는 경우가 많습니다. 글을 쓰는 것이 힘들기도 하지만, 눈에 보이는 성과와 노력이 뚜렷하게 보이지 않기 때문입니다.

그럼에도 불구하고, 블로그에 자신의 글을 꾸준히 쓰다 보면 관심사가 비슷한 분들과 소통할 수 있게 됩니다. 관심이 있거나 재미있어서 글을 꾸준히 남겼던 분야의 전문가로 브랜딩 될 수 있습니다.

영향력이 있는 많은 사람들이 글쓰기가 필수라고 말합니다. 책을 출간한 작가님들의 책을 보면 글쓰기에 대한 중요성을 많이 강조합니다. 김민식 PD님의 『매일 아침 써봤니?』에 이런 구절이 나옵니다.

"자신에게 글쓰기 재능이 있는지 없는지 궁금하다면, 일단 매일 한 편씩 글을 써보세요. 분명히 장담하는데, 우리에게는 누구나 말과 글의 재능이 있어요."

김민식 PD님의 말처럼 매일 한 편씩 글을 써보세요. 오랜 시간 꾸준히 쌓았던 글쓰기로 인해 생각이 또렷해지고 내 삶의 무늬가 더 짙어진다는 것을 알게 될 거예요.

힘들어도 일단 쓰자.
남겨진 기록들로 나의 방향성을 찾을 수 있고,
내가 몰랐던 나를 알게 된다.
한 분야의 기록이 꾸준히 쌓이는 것은 전문가가 되는 것이다.
이 모든 과정의 기록이 나의 브랜딩이 된다.

10

일상 글이
인기 포스팅이 되는 비결

여행을 다녀오거나 맛집을 다녀온 다음, 블로그에 글을 쓰고 발행했는데 상위노출이 되지 않아서 속상했던 경험이 있으시죠?

왜 열심히 써도 검색이 잘되지 않을까요?

이유 중 하나는, 상위노출을 목적으로 블로그를 하는 많은 블로거가 전략적으로 포스팅을 하고 있기 때문입니다. 나만의 전략을 찾지 못한다면 쉽게 노출되지 않을 겁니다.

눈에 보이진 않지만 블로그에도 지수가 있습니다. 많은 사람이 검색하는 인기 키워드의 경우, 이제 시작한 블로거보다 인플루언서이거나 오래된 블로거처럼 지수가 높은 블로그가 노출이 될 확률이 큽니다.

네이버 인플루언서는 한 가지 주제에 집중해서 콘텐츠를 올리기 때문에 상위노출이 되는 경우가 많습니다. 이제 시작하는 초보 블로거의 경우 상위노출이 될 때까지 얼마나 기다려야 하는지 궁금할 겁니다. 무작정 기다린다고 되는 게 아닙니다. 상위노출 원리를 알고 방법을 찾으면 됩니다.

검색결과 상위노출을 위해 가장 신경써야 할 것은 '제목'입니다. 제목에는 사람들이 일반적으로 네이버 검색창에 검색하는 키워드를 1~3개 넣는 것이 좋습니다. 인기 키워드 1개와 나의 콘텐츠와 관련 있는 핵심 키워드 1~2개를 넣어주면 됩니다.

수강생 중에서 명상을 주제로 꾸준히 포스팅을 올렸던 분이 있었습니다. 명상이라는 키워드 하나만으로는 검색이 되지 않았습니다. 그런데 하루는 유명한 관광지의 카페를 다녀와 후기를 남겼는데, 이 후기로 인해 명상에 관련된 많은 분이 블로그를 방문했습니다.

평소 쓰던 습관으로 글을 썼을 뿐인데, 방문자가 달라진 것은 제목 때문이었습니다. 카페 상호명(인기 키워드)과 명상에 관련된 단어인 바다멍(핵심 키워드)을 함께 적어주었더니 블로그 주제에 맞는 특색 있는 제목으로 상위노출이 되었습니다.

블로그 주제는 모두 다르고 발행하는 콘텐츠도 모두 다릅니다. 아직 이웃이 많지 않을 때는 다음 내용을 꼭 적용해보세요.

① 시의성 있는 키워드 사용하기

② 키워드 1개가 아닌 2~3개 넣어주기

③ 내 블로그 주제와 포스팅 콘텐츠에 맞는 핵심 키워드 넣기

④ 관련 주제로 시리즈 글 작성하기

"쓸 게 없어요"란 말이
쏙 들어가요

블로그 글쓰기를 처음 하는 분, 글쓰기를 꾸준히 하던 분, 글을 쓰다가 멈춘 분 등 상황은 달라도 비슷한 고민이 하나 있습니다.

"정말 쓸 게 없어요."

네이버 블로그에서 매일 글감을 제공하는 블로그씨가 왜 도입이 되었을까 생각해보면, '쓸 게 없어요'는 블로그 하는 모든 사람의 고민이기 때문일 거예요. 글감 걱정없이 글을 쓰는 분들의 특징은 일상을 꾸준히 관찰하고, 글감이 떠오르면 빠르게 기록할 수 있는 수첩을 늘 가지고 다니는 것이었습니다. 보이지 않을 뿐 글감은 찾기만 하면 보이는 것이죠.

그런데 쉽게 찾을 수 있는 글감이었다면 누구나 글을 다 쓸 수 있었겠지요. 아무리 찾아도 보이지 않는 글감, '쓸 게 없어요'말이 쏙 들어가는 글감 찾는 법, 글감 로드맵 3가지 알려드릴게요.

❶ 블로그 글감을 한번에 해결하는 크리에이터 어드바이저

글감을 키워드로 바꿔서 사용할 수 있어요. 정보가 필요할 때, 네이버 검색창에 쓰는 단어를 키워드라고 합니다.

제목에 사람들이 검색하는 키워드가 있으면 더 많은 사람들과 소통할 수 있어요. 1년 365일 늘 궁금해서 찾아보는 키워드도 있지만, 시기별로 시의성을 가지고 있는 키워드가 있습니다. 지금 많은 사람들이 궁금한 것 중에서 내가 쓸 수 있는 글감을 잡아서 빠르게 포스팅한다면? 정보를 찾는 사람들에게 많은 도움이 되겠지요?

이때 PC, 모바일 블로그에서 바로 확인할 수 있는 크리에이터 어드바이저 하나면 황금키워드, 블로그 글감을 빠르게 해결할 수 있어요.

- PC : 관리 〉 내블로그 통계 〉 크리에이터 어드바이저 〉 트렌드
- 모바일 : 통계 〉 크리에이터 어드바이저 〉 트렌드

트렌드를 클릭하면 블로그 주제별(일상, 육아, 교육 등) 현재 인기 유입검색어(키워드)를 확인할 수 있어요.

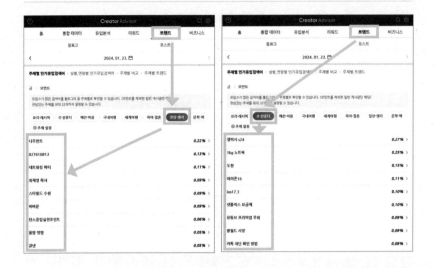

그 외에도 내 블로그 실시간 유입검색어, 체류시간 확인 등 다양한 기능이 있으니 꼭 한번 클릭해보세요.

❷ 비타민C 아니고 블로그씨

최근 이슈인 주제나 즐거운 경험을 바탕으로 게시글을 작성할 수 있도록 질문을 배달하는 서비스예요. 블로그에 어떤 내용을 써야 할지 모르는 초보 블로거 혹은 글감이 떠오르지 않는 블로거들에게 도움이 됩니다. 블로그씨 질문을 배달받고 포스팅을 하는 사람이 많이 있습니다.

블로그씨 설정

블로그씨

From. 블로그씨
취미 부자이신분 여기 모이세요~ 내가 즐기는 다양
한 취미생활들을 사진과 함께 공유해 주세요!

　　블로그씨에서 매일 다양한 질문이 오기 때문에 꾸준히 글을 쓸 수
있는 습관을 기를 수 있습니다. 그리고, 블로그씨 질문을 통해 나의 생
각과 까맣게 잊고 있었던 추억 등 경험에 관련된 이야기를 기록으로
차곡차곡 쌓을 수 있어요.

더불어 매주 월, 수, 목 배달되는 블로그씨 질문에 답하면, 핫토픽으로 선정될 수 있습니다. 핫토픽에 선정된 포스팅은 PC 블로그홈과 모바일 추천의 핫토픽 영역에 일정기간 소개됩니다. 글감도 건지고 핫토픽에 노출까지 되므로, 블로그씨 꼭 해야겠지요?

❸ 블로그 글쓰기, 숙제가 아니라 축제처럼 (리블로그 글감)

특별해서 기록하는 것이 아니라 기록하면서 특별해지는 것입니다. 블로그 글쓰기가 숙제처럼 느껴져 멈추는 분이 많습니다. 숙제 말고 축제처럼 즐겁게 글쓰기 하는 방법은 가볍고 즐거운 글감으로 포스팅하기입니다. 리블로그 영업비밀 중 한 가지, 과정에서 나누었던 글감으로 가볍게 포스팅을 시작해볼까요?

① 일상, 공감하며 소통하는 글감

Q. 에너지가 채워지는 나만의 장소 소개

지난 주말, 이번 연휴에 다녀온 장소 소개도 좋아요.

Q. 계절을 즐기는 방법 추천

계절을 즐기는 나만의 방법이 있나요? 여행지 소개도 좋고 일상 속 루틴이나 의식도 좋아요. 나만의 리스트를 즐겁게 떠올리며 소개해주세요.

Q. ○○의 휴가 버킷리스트

딱 1주일! 내게 휴가가 주어진다면? 그 시간을 어떻게 채우고 싶나요?

휴가를 만끽하며 즐거울 나를 상상하면서 휴가가 생긴다면 하고 싶은 것, 가고 싶은 곳 등 자유롭게 적어볼까요?

Q. 최애 카페 메뉴 소개

카페에 갔을 때 유독 끌리고 맛있는 메뉴가 있을 것 같아요. 딱 지금 먹었을 때 기분이 좋아지고 행복해지는 나의 최애 카페 메뉴를 소개해주세요.

② 회고, 하루를 한 달을 일 년을 매듭짓는 글감

Q. 이번 달 잘산템

이번 달 최고로 잘 샀다고 생각하는 소비가 있나요?

나만의 기준으로 나만의 잘산템 베스트를 소개해주세요.

Q. 1년 동안 기억에 남는 하이라이트 3가지

내가 매진했던 주요 관심사부터 사소하지만 특별하게 기억에 남는 순간까지. 정답은 없어요. 나에 의한, 나만의 답을 찾아볼까요?

최고로 좋았던 일, 행복했던 순간부터 스쳐가는 일상 속 찰나의 사진이지만 너무도 소중해서 놓치지 않고 싶은 순간까지. 때로는 긴 글보다 사진 한 장이 더 많은 것을 나눠주지요. 인생네컷처럼 4장의 사진으로 압축해서 담아볼까요?

나의 하루, 일주일, 한 달을 돌아봅니다. 좋아하는 일이라고 생각하지 않았지만, 즐겁다고 생각하지 않았지만, 나도 모르게 시간가는 줄 모르고 푹 빠졌던 순간이 있습니다. 그 순간을 발견하면 기록해보기로 해요.

③ 성장, 꿈꾸며 나아가게 하는 글감

생각만 해도 가슴이 설레고 떠나고 싶은 여행지가 있나요? 나에게 두근거림을 주는 여행지 사진 한 장, 우리 같이 찾아볼까요?

인스타를 보다가, 또는 길을 걷다가 가슴이 설레었던 물건이 있나요? 보기만 해도 마음이 설레이는 것, 함께 찾아볼까요?

내 삶에 영감을 주는 사람, 닮고 싶은 롤모델이 있나요? 연예인, 배우, 작가 같은 유명인도 좋고, 부모님, 친구, 선배처럼 가까운 사람도 좋아요. 닮고 싶다고 생각하며 가슴이 쿵쿵 뛰었던 순간을 떠올려볼까요?

블로그 글쓰기 초보를 위한
100% 피드백

Q PC 작성과 모바일에서 둘 다 보기좋게 할 수 있을까요?

A 똑같은 포스팅인데 컴퓨터와 모바일에서 다르게 보이는 경우가 많습니다. PC에서 포스팅 할 때 모바일 미리보기 기능을 사용하면 모바일에서 보기좋게 포스팅 할 수 있습니다.

① 첫 번째 팁 : 모바일 미리보기

블로그 글쓰기 화면(스마트에디터)을 보면, 오른쪽 아래에 버튼이 있어요. 버튼을 누르면 PC-태블릿-모바일로 화면이 바뀌고, 모바일 미리보기로 줄바꿈을 확인할 수 있습니다.

이때 미리보기 화면과 실제 모바일 화면이 정확히 일치하지 않아서,

줄 끝까지 채우면 모바일에서는 또 밀리더라구요. 모바일 미리보기에서 문장 끝의 여백을 넉넉하게 남겨보세요.

② 두 번째 팁 : 문장 호흡 조절
한 문장을 짧게 끊어 쓰거나 두세 문장을 쭉 길게 이어쓰기입니다.

다음 그림에서 위의 문장은 짧게 여백을 남기고, 아래의 문장은 중간에 줄바꿈 없이 이어서 길게 쓴 것을 볼 수 있죠? 이 경우에는 모바일에서 보더라도 어색하지 않고 자연스럽습니다.

PC와 모바일에서 둘 다 보기좋게 하기

요녀석 역시 두가지 버전으로 만들었어요.

1️⃣ 초등 저학년용
- 일기형태인 [나의 오늘은..]+ 감정/감각단어
2️⃣ 초등 고학년용
- 주제글쓰기 [생각노트]+ 글쓰기주제 예시

글쓰기 예시와 감정 단어들은 글감이 생각나지 않을 때 활용하면 좋고, 사용한 경우 O표시를 해나가면 아이들이 재미를 느낄 수 있어서 좋아요.

편의상 초등 저학년, 고학년을 나눠놓긴 했는데 사실 직접 아들은 둘 다 사용합니다. 나의 오늘은 이라는 일기는 집에서 쓰고, 생각노트라는 이름의 주제글쓰기는 학교에서 사용하거든요.

1학년부터 6학년까지
두루두루 쓸 수 있는 만능노트!!

문장을 짧게 끊어 써서 줄바꿈을 하거나, 중간에 모바일 길이에 맞춰서 줄바꿈(엔터키를 넣지 않고 문장을 끝까지 이어서 쓸 것)을 적용해보면 좋습니다.

③ 세 번째 팁 : PC에서 임시저장 후 모바일에서 발행하기

먼저, PC에서 포스팅을 임시저장합니다. 그리고, 핸드폰 블로그 앱에서 임시저장 글을 불러옵니다. 이제 줄바꿈이 어색한지 확인한 후 발행하면 됩니다.

TIP | PC와 모바일 모두 만족하는 줄바꿈

1. 모바일 미리보기 활용 및 끝의 여백은 넉넉하게 남기기
2. 한 문장을 짧게 쓰거나 아예 두세 문장 길게 이어쓰기
3. PC에서 임시저장 후, 발행은 모바일 블로그 앱으로 하기

Q 블로그 검색 체계가 궁금해요. 또한, 키워드는 어떻게 잡으면 좋을까요?

A 네이버는 검색을 기반으로 하기 때문에 어떤 특정한 키워드로 검색했을 때 제목과 포스팅 본문에 검색한 키워드가 있어야 노출이 잘 됩니다. 여기서 키워드란 사람들이 네이버 검색창에 검

몰입을 빼앗긴 시대,
똑똑한 뇌 사용법

인스타 브레인

안데르스 한센 저 | 김아영 역 | 296쪽

하루 2600번 핸드폰을 만지는 동안
우리 뇌의 회로가 변하고 있다!

▶ 뇌과학 세계적 베스트셀러, 21개국 판권 수출

어른의 외국어 공부는
달라야 한다!

긴 인생을 위한 짧은 영어 책
긴 인생을 위한 짧은 일어 책

영어 박혜윤 저 | 224쪽   일어 김미소 저 | 208쪽

평생 가는 외국어 공부는 어떻게 가능한가?
그 공부는 우리 삶을 어떻게 바꾸는가?

▷ 퍼듀대 박치욱, 전남대 백승주 교수,
　 정김경숙 전 구글 디렉터, 이다혜 씨네 21 기자 추천

오십부터는 왜 논어와
손자병법을 함께 알아야 하는가

모리야 히로시 저 | 김양희 역 | 272쪽

나이 먹도록 세상을 몰랐다

왜 자꾸 후회하는가? 실수를 반복하는가?
하나로는 부족했기 때문이다!
논어와 손자병법을 함께 읽어라.

▷ 동양 고전해설의 일인자

당신의 어린 시절이 울고 있다

다미 샤르프 저 | 서유리 역 | 264쪽

몸에 밴 상처에서 벗어나는 치유의 심리학

트라우마 치료 전문가의 연구 결과 집대성!
'몸의 심리학'으로 생각, 감정, 인생을
바꾸는 방법

▷ 독일 아마존 심리 1위, 국내 심리 1위

색하는 단어를 말하는데요.

리블로그에서는 블로그가 (상위노출을 위해 키워드를 사용하는 것이 아닌) 내 글과 다른 사람을 연결해주는 매개체이기 때문에 제목에 키워드를 넣어야 한다고 말씀드리고 있어요.

포스팅 제목을 네이버 검색창에 검색해봤어요. 블로그가 잘 노출되고 있네요. 제목 전체를 검색해도 노출이 안 되면 문제가 있는 건데요. ○○님 블로그는 문제가 없습니다.

블로그 검색 체계

다만, 이렇게 문장으로 사람들이 검색하지는 않겠죠?

소통을 위한 키워드 넣기

제목 키워드에 대한 한 가지 팁을 알려드리면, 리블로그 또한 ○○ 님께서 잡을 수 있는 키워드 중에 하나입니다.

- 나를 드러낼 수 있는 키워드(우린 브랜딩 블로그니까)
- 성장하기 위해 참여하고 있는 과정
- 소통하고 싶은 사람들이 검색할 만한 키워드를 넣습니다.

Q 강의 후기를 잘 쓰려면 어떻게 해야 할까요?

A 블로그에 글을 쓰는 목적은 여러 가지가 있습니다.

① 정보 저장, ② 배움과 깨달음 공유, ③ 같은 생각을 가진 분들과 소통, ④ 홍보 등.

강의 후기를 쓰는 목적도 여러 가지가 있습니다. 후기 포스팅을 하는 목적에 따라 쓰는 방법이 달라지겠지요? 다만, 블로그 글쓰기는 한 가지 목적으로 써도 좋지만, 후기를 쓰는 목적은 여러 가지인 것이 더 좋아요.

우선, 잘 써야 한다는 마음을 먼저 내려놓을까요? 강의 후기는 잘 쓰는 게 아니라 내가 강의를 통해 배운 점, 알게 된 점을 정리하면서 나의 현재를 돌아보고 성장하는 과정을 기록하는 것이랍니다.

또한, 후기를 적으면 강의를 함께 들었던 분들과 생각을 나눌 수 있습니다. 강의 주최측, 저자와 소통할 수도 있습니다. 단톡방/카페 공유, 후기 검색을 통해 새로운 연결이 만들어질 수도 있으니까요.

강의 후기를 잘 쓰는 꿀팁

브랜딩 블로그로 성장하기 위해선 강의 내용만 상세하게 적는 방법은 추천하지 않아요. 배운 점, 느낀 점, 내 삶에 적용할 점과 같이 다음 3가지를 위주로 기록해보세요.

① 강의를 들으면서 새로 알게 된 지식
② 깨닫거나 느낀 점
③ 내 삶에 적용하기 위한 실행 계획

강의를 한 분에게는 좋은 영감을 주고,
배움을 정리하면서 나도 한 번 더 성장할 수 있고,
독자에게도 도움이 되는 포스팅이 됩니다.

강의에서 "오프라인이니까 하는 말이에요"라는 말을 들었거나, 강사님이 "블로그나 SNS에 올리지 말아주세요"라고 공식적인 요청이 있었다면 당연히 올리지 않는 게 좋구요.

그런 말까진 없었다면 강사님이 말한 내용 그대로 블로그에 옮겨적는 대신에, 내가 받아들이고 이해한 내용으로 해석하거나 간략하게 적어보는 것은 괜찮을 것 같아요. 그 내용을 꼭 기록하고 싶다면 말이지요.

"내용을 모두 말할 순 없지만 오프라인에서만 들을 수 있는 비법을 알 수 있었습니다"

이 정도라면 괜찮겠죠? 더이상 고민하지 않고 쓸 수 있는 후기 작성 노하우! 다시 정리해드립니다.

(홍보, 배움의 기록, 소통과 나눔) 목적을 분명히 하고, 기록할 때는 배운 점, 느낀 점, 내 삶에 적용하거나 실행할 점을 꼭 넣습니다. 그리고, 나의 실행 계획을 기록하고 공유하면 더 좋습니다.

week 3

최소한의
실행법

매력적인 블로그에 있는
기술만 모았다

1

어떤 블로그를
좋아하세요?

앞에서 블로그를 본격적으로 시작하는 방법을 안내해드렸습니다. 잘하려고 애쓰지 말고 일단 글을 써보고 발행해보라고 강조했습니다. 블로그에 글이 10개, 20개 쌓였다면 잘하고 계신 겁니다.

잘하고 있는 거 맞아? 의심하지 말고 나 정말 잘하고 있구나! 스스로를 격려해주세요. 시작이 반이라는 말의 힘을 진심으로 믿습니다.

"일단 글쓰기를 잘하고 있다고 칭찬해주셨는데, 맞게 하고 있는지 모르겠어요."

"너무 내 이야기만 하고 있는 건 아닌지, 이렇게 해서 성장할 수 있을지 불안해요."

물음이 생기기도 합니다. 블로그 강의를 들으러 오신 많은 분들이
그랬습니다. 시작 단계에 있기에 충분히 잘하고 있다고 이대로 블로그
에 글을 쌓아가기만 하면 된다고 여러 번 말씀드려도 그 의심을 온전
히 지우는 것을 어려워하시더라구요. 더 잘하고 싶고 빠르게 성장하고
싶은 마음, 이 길이 맞는 건가 하는 불안도 생겨납니다.

물음이 사라지지 않을 땐 어떻게 하면 좋을까요?

더 잘할 수 있는 방법을 찾아서 탐구해보았습니다. '이게 맞는 걸
까?'라는 질문을 바꾸어보는 것이지요.

어떻게 하면 글을 더 잘 쓸 수 있을까?

블로그를 잘한다는 것은 무엇일까?

나에게 맞는 블로그 운영법, 성장하는 길은 무엇일까?

매력적인 블로그가 되는 길이야말로 빠르게 성장할 수 있는 블로그
운영법이라는 것을 먼저 짚어드립니다. 그럼 매력적이고 눈길이 가는
블로그는 어떤 블로그일까요? 매력적인 블로그는 우연히 들어가 글을
읽었다가 나도 모르게 '이웃추가'를 누르게 되는 블로그, 궁금해서 또
찾아오고 싶은 블로그를 말합니다.

그런 블로그는 어떤 블로그일까요?

"내 블로그에 글 쓰는 것만으로도 너무 바빠요. 다른 사람 블로그는 거의 본 적이 없어요."

블로그 강의를 들으러 오신 많은 분들이 매력적인 블로그를 벤치마 킹한 적이 없다고 해서 깜짝 놀랐습니다. 자주 보거나 좋아하는 블로 그가 있는지, 어떤 블로그를 좋아하는지 알려달라는 질문을 하면 "딱 히 없다", "블로그를 거의 보지 않는다"라는 대답이 많았습니다. 온전 한 소비자 관점에서 내게 필요한 정보만 취하기 위해 구독하는 블로그 가 있는 정도였습니다.

500여 명에게 매번 같은 질문을 했는데 같은 답이 돌아온다는 것이 놀라웠습니다. 대부분 내가 좋아하는 블로그도, 구독해서 즐겨보는 블 로그도 없다는 답을 주셨습니다.

저희 강의를 여러 차례 반복해서 듣고 코칭을 받으신 분들만이 내가 원하는 방향성을 가진 블로그를 찾아보면서 다른 블로그의 매력적인 부분을 자신의 블로그에 반영하려고 노력하셨지요. 그래서, 이 책을 통해 블로그를 시작했고, 빨리 성장하고 싶다면 좋아하는 블로그를 찾 아보라는 이야기를 꼭 해주고 싶었어요.

그 블로그에 푹 빠지지 말고 한 발자국 떨어져서 그 블로그의 매력 요소와 끌리는 포인트는 무엇인지, 왜 좋아하는지 벤치마킹 요소를 찾아보세요. 그 블로그와 내 블로그를 비교하며 초라함을 느끼지는 말고, 그 블로그의 시작지점부터 지금까지의 과정도 함께 살펴보세요. 어느 정도의 시간이 흘렀는지, 오래도록 꾸준하게 블로그를 지속해왔는지, 시작한 지 얼마 안 되었는데 어떻게 빠르게 성장했는지도 찾아보시고요.

사람마다 매력과 개성이 모두 다른 것처럼 블로그에도 뻔한 객관식 답안이 없습니다. 나는 1번, 나는 2번처럼 주어진 선택지 중에서 고르기만 하면 얼마나 좋을까요? 서술형 문제를 푸는 것처럼 나만의 정답지를 찾기 위해 헤매고 탐구해보는 시간은 꼭 필요합니다.

그럼, 그런 블로그는 어디서 찾을 수 있을까요?

첫 번째로, 네이버에서 공식 선정한 블로그 피플이 있습니다.

영향력이 있고 꾸준히 활동하고 있는 블로그가 소개되어 있는 곳인데요. 'Lifelog.Blog'라는 버튼을 누르면 블로그 캠페인 홈으로 이동하며 그곳에 '블로그 피플' 메뉴가 있습니다.

『서울 자가에 대기업 다니는 김부장 이야기』를 쓴 송희구 작가부터 영화평론가 이동진의 블로그, 웹툰작가 루나파크의 인터뷰를 비롯하여 다양한 블로그 피플들의 블로그 링크가 있습니다.

두 번째로, PC로 접속한 블로그 홈 화면에서 '이달의 블로그'를 눌러

주제별 블로그를 찾아볼 수 있습니다.

매월 정해진 주제별로 블로그를 활발하게 운영하는 블로거들을 만나볼 수 있어요. 예전에 거대한 영향력을 지녔던 파워블로거와는 다른 취지로 규모와 상관없이 분야별로 진솔하게 블로그를 운영하는 모습을 만나볼 수 있습니다. 처음 블로그를 시작했다면 꼭 한번 들어가보실 것을 추천합니다.

재테크나 패션뷰티처럼 관심 있는 분야가 있다면 그 분야의 네이버 인플루언서를 몇 명 알고 있을 겁니다. 네이버 검색을 하다가 인플루언서의 글을 보고 매력 있다고 느낀다면 그 블로그를 다시 찬찬히 살펴보는 방법도 추천합니다.

도움이 되는 블로그 찾기

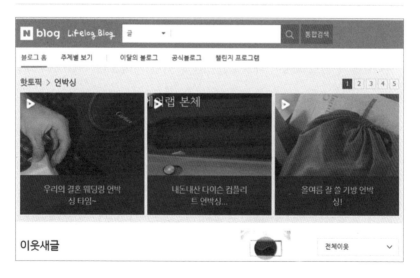

저는 개인적으로 책을 출간한 작가님들의 블로그를 일부러 찾아서 구독하고 있는데요. 『대통령의 글쓰기』, 『말하기의 태도』 등 다수의 글쓰기와 말하기 책을 내신 강원국 작가님의 블로그를 찾아보고 깜짝 놀라기도 했답니다.

오래전에 메모처럼 조각글을 남겨놓으신 흔적이 남아있었거든요. 꼭 누가 보러 와서, 반응이 있어서가 아니라 자신을 위한 글과 단상을 짤막하게 남겨놓으신 모습이 인상적이었습니다.

강원국 작가님의 글쓰기 강의에서 블로그에 글을 쓰면서 꾸준히 글쓰기를 해나갈 수 있었다는 이야기도 들었던 적이 있어 그 기록들이 더 반가웠습니다. 또 응급실 의사이면서 여러 권의 에세이 책을 출간한 남궁인 작가의 블로그도 구독하고 있는데요. 남궁인 작가는 지금도 꾸준히 블로그에 새 글을 포스팅하고 있어 좋은 영향을 받고 있습니다.

두 사람의 블로그에서 배운 것은 남을 위한 기록보다 나를 위한 기록을 먼저 하자, 멈추지 말고 꾸준히 글을 쓰자 두 가지였어요. 그 두 가지 기준을 블로그에 적용하겠다고 마음먹을 수 있었습니다.

대학생일 때 방학이면 유럽으로 배낭여행을 떠나는 것이 유행이자 일종의 통과의례였어요. 배낭여행이 방황하고 성장하는 청춘에게 의미가 있었던 진짜 이유는 다른 나라의 문화를 보고 배우는 것뿐만 아니라 내가 알고 있던 세상을 떠나보는 것, 떠남 그 자체였던 것을 이제야 깨닫습니다. 떠나는 것만으로도 세상을 바라보는 시야가 넓어지는 경험을 할 수 있으니까요.

청춘의 시기에 익숙한 곳을 벗어나 낯선 경험을 하는 것이 시야를 넓히는 것에 도움이 되는 것처럼, 블로그도 마찬가지입니다. 친구 또는 지인의 블로그, 같은 모임이나 커뮤니티 멤버하고만 교류하고 있지는 않은가요? 새로운 블로그를 보고 다양한 방식으로 블로그를 운영하는 모습을 보면서 블로그의 형식과 틀을 깨보았으면 합니다.

혼자서만 블로그를 꾸려나가면 고립되기 쉽습니다. 어느 누구와도 연결될 수 있는 온라인 플랫폼 네트워크를 활용하지 못하는 것이에요. 열심히 글만 쓰는 것을 잠시 멈추어보세요. 나와 비슷한 주제로 블로그를 운영하고 있는 다른 사람들은 어떻게 글을 쓰고 소통을 하면서 블로그를 키우고 있는지 살펴보세요.

이 책을 쓰는 네 사람은 사는 지역부터 각자 지닌 개성과 살아온 삶의 궤도가 너무나도 다른데요.

블로그 강의를 하면서 온라인 줌미팅이 있을 때면 신기하게도 "네 분은 웃는 모습이 참 닮았어요. 유독 표정이 비슷하게 밝아요"라는 이야기를 종종 듣습니다. 처음엔 의아했는데, 그만큼 많은 대화를 나누었고 태도를 주고받았기 때문일 것 같아요.

이 글을 읽는 여러분도 얼굴을 자주 보는 친구와 헤어스타일 또는 옷 입는 스타일이 점점 닮아갔던 경험이 한 번쯤은 있지 않으신가요? 가까이 자주 보는 사람은 마치 거울처럼 서로가 서로를 비추며 의도하지 않았더라도 영향을 주고받는 것 같습니다. 사람은 사회적 동물이잖아요.

자주 만나다 보면 어느 틈엔가 서로 영향을 주고받아 닮아가는 우리, 매력적인 블로그도 자주 보면 닮아갈 수 있어요.

"블로그에 글을 짧게 써서 올리기도 하네."
"글은 짧지만, 사진과 시선이 매력적이구나."
"개인적인 이야기를 썼을 뿐인데도 배울 점이 많네."
"이 사람도 처음엔 블로그 글이 서툴렀구나."

다양한 형태의 매력적인 블로그를 살펴보다 보면 글을 발행할 때 느껴졌던 고민과 망설임도 줄어들 것입니다.

블로그를 잘하고 싶다면? 벤치마킹의 중요성을 기억하세요. 매력적인 블로그를 찾고 나에게 적용할 수 있는 요소가 있는지 적극적으로 찾아보세요. 내 블로그도 점차 변화하고 성장할 것입니다.

2

유입되는 블로그 치트키는
검색되는 '닉네임'

5만 원권 지폐에 그려져 있는 신사임당의 본명을 아시나요? 본명은 지금까지 알려지지 않았다고 합니다. 신씨 성에 그가 직접 지은 사임이라는 호가 붙어 신사임당이라고 알려졌습니다. 교과서에 실린 역사 인물부터 유명한 화가, 작가 등을 살펴보면 스스로 의미 있는 이름을 자신에게 붙이고 그 이름을 후대에 알린 사람이 많습니다.

사실 우리 이름은 우리가 짓지 않습니다. 출생을 지켜보고 출생신고를 한 나의 가족이 지어주는 이름이지요. 태어나면서 갖게 된 이름도 소중한데요. 우리는 이제부터 블로그에 드러날 내 이름을 내 손으로 직접 지어볼 겁니다. 온라인 세상에서 나의 특성과 장점을 표현하는 이름, 블로그 닉네임은 내가 의미를 담아 만든다는 점에서 특별합니다.

영향력 있는 블로그가 되려면 닉네임도 그냥 정해서는 안 됩니다. 닉네임을 정할 때 중요한 2가지 기준이 있습니다. 먼저 나의 개성과 매력, 가치, 정체성을 충분히 담았는지, 그리고 중복되지 않은 고유한 이름인지입니다. 그 외에도 글자 수가 몇 개인지, 한글로 지었는지 등 몇 가지 기준이 더 있습니다.

'그의 이름을 불러주기 전에는 그는 다만 하나의 몸짓에 지나지 않았다. 내가 그의 이름을 불러주었을 때, 그는 나에게로 와서 꽃이 되었다.'

김춘수의 시 「꽃」의 한 구절입니다.

이름이 가진 힘, 이름을 부르는 행위의 진정한 의미, 서로의 존재를 인식하는 것까지 사람의 마음을 참으로 잘 표현한 시입니다.

이 시가 널리 알려질 수 있었던 것은 시인이 문장에 담은 의미에 많은 사람들이 공감하기 때문일 겁니다. '그는 나에게로 와서 꽃이 되었다'라는 앞 구절이 많이 알려져 있는데, 이 시의 백미는 뒤의 구절이 아닐까 싶습니다.

'내가 그의 이름을 불러준 것처럼 나의 이 빛깔과 향기에 알맞은 누가 나의 이름을 불러다오. 그에게로 가서 나도 그의 꽃이 되고 싶다. 우리들은 모두 무엇이 되고 싶다. 너는 나에게 나는 너에게 잊혀지지 않는 하나의 눈짓이 되고 싶다.'

블로그 닉네임을 고민하는 우리의 마음과 너무나도 닮아 있지 않은 가요? 잊혀지고 싶지 않은, 어떠한 존재로 다른 사람의 기억에 남고자 하는 마음은 사회적 동물인 인간의 당연한 욕구겠지요.

블로그를 열어서 내 이름이 무엇으로 되어 있는지 확인해보세요. 블로그를 이제 처음 시작해서 아직 아무런 글도 쓰지 않았다면 네이버 ID가 닉네임으로 되어 있을 거예요. 카페에 가입하거나 리뷰나 이벤트에 참여하면서 ○○맘처럼 아이 태명이나 이름에 '맘'을 붙여 닉네임을 정하기도 합니다. 카페 등 커뮤니티 활동을 하면서 썼던 닉네임을 블로그 닉네임으로 쓰기도 하고요. 호빵이, 오늘하루, 행복한나, 여름향기. 한 번쯤 만나본 적이 있는 닉네임이죠?

이 글을 쓰는 저도 처음의 블로그 닉네임은 육아 일기를 쓸 때여서 첫째 아이의 태명이었던 호야에 맘을 붙인 호야맘이었답니다.

블로그를 시작하는 것은 한 개인이 넓은 세상 속으로 첨벙 뛰어드는 일과 같습니다. 블로그 닉네임은 커뮤니티에서 활동할 때 붙이는 것과는 다른 방법으로 지어야 합니다.

그런데 블로그 수업에 오시는 분들 100명 중 99명, 거의 대부분이 오래전부터 써와서 익숙한 닉네임이나 내가 좋아하는 단어를 닉네임으로 사용하고 계시더라구요.

그럼, 닉네임은 어떻게 지어야 할까요?

어감이 예쁜 이름을 붙이면 될까요? 안타깝게도 땡! 예쁜 이름도 정답이 아니랍니다. 예를 들어, 호빵이라는 닉네임으로 알아보겠습니다. 결론을 먼저 말씀드리면 호빵이는 블로그 닉네임에 맞지 않습니다. 어감이 귀엽고 개성을 담은 이름이긴 합니다. 부르기도 좋은데, 왜 블로그 닉네임으로 적합하지 않은 걸까요? 너무 귀여워서 또는 유치한 이름이라서일까요?

블로그 닉네임, 어떻게 지어야 좋을까?

블로그 닉네임은 찾기 수월한 것이어야 합니다. 네이버 검색창에 닉네임을 넣어 검색했을 때 내 블로그가 바로 보여지느냐, 이것이 닉네임을 지을 때 가장 중요한 기준입니다.

좀더 구체적으로 알아보겠습니다.

첫째, 닉네임을 검색하면 내 블로그 링크가 나오는가?

호빵이를 네이버 검색창에 넣고 한번 찾아보겠습니다. 호빵 사진이 가장 먼저 보이는군요. 그다음은 호빵을 만드는 회사인 삼립 기업의 뉴스가 나오고 유튜브 검색결과가 나옵니다. 그 아래로 여러 가지

호빵 제품의 블로그 리뷰글이 나옵니다. 내 블로그 닉네임이 호빵이라면, 나를 아는 사람이 생겼을 때 내 블로그로 바로 찾아올 수 있을까요? 내가 어떤 활동을 했는지 검색하기 어렵습니다.

검색 알고리즘은 '호빵이'는 사람보다 '호빵'이라는 대상이 되는 삼립호빵을 먼저 인식합니다. 알고리즘이 사람으로 인지하고 블로그 링크를 바로 보여주려면 내가 호빵보다 더 유명해지면 해결됩니다. 네이버에 공식 요청을 해서 인물등록을 하는 방법도 가능합니다.

하지만 이제 블로그를 시작하려는데 유명해져야 하고 인물등록을 해야 한다니, 배보다 배꼽이 더 커서 적절한 솔루션이라고 볼 수 없습니다.

강의를 들으러 오신 많은 분의 닉네임이 검색이 안 되는 문제가 있었고, 적절한 블로그 닉네임이라고 볼 수 없어서 다른 이름으로 바꿀 것을 제안해드렸습니다.

둘째, 정체성 또는 블로그 주제를 드러내는 닉네임인가?

닉네임으로 정체성이나 블로그 주제를 드러낼 수도 있습니다. '호빵이'라는 이름을 버리지 않고 꼭 가져가고 싶다면 호빵작가, 글쓰는호빵, 호빵책방, 재테크여왕호빵처럼 블로그 주제나 개인의 정체성과 관련된 단어를 붙여보는 겁니다. 닉네임이 길어지지만 호빵이보다는 훨씬 좋은 닉네임입니다.

강의를 들으러 오셨던 분들의 사례를 보면, 학원을 운영하거나 학교 선생님이라면 닉네임 끝에 '쌤'을 붙이기도 합니다. 책을 출간한 분이나 그림을 그리는 분은 '작가'를 붙일 수 있고요. 라이프코칭, 진로코칭 등 코칭활동을 한다면 '코치'를 붙이고, 책과 관련된 블로그를 운영할 때는 닉네임에 '책방'을 붙일 수 있습니다.

닉네임에 정체성이나 역할을 더해 쌤, 작가, 코치를 붙일 때 주의사항이 하나 있어요. ○○○쌤, ○○작가 앞의 이름에 고유한 명사가 들어가야지 드로잉, 행복한, 동화, 일러스트, 학습처럼 일반적인 명사가 들어가면 안 됩니다. 드로잉작가, 행복한쌤, 동화작가, 일러스트작가, 학습코치, 인문고전책방은 독특하지도 않고 검색도 안 되는 모호한 이름이 됩니다. '정가든쌤, 서농쌤, 나영노트, 유란작가'처럼 나만의 이름, 별칭에 정체성을 더해보세요. 이름 또는 별칭에 역할을 붙이는 방법을 추천합니다.

셋째, 글자수가 2~3글자 사이인가?

4글자가 넘어가면 사람들은 부를 때 줄여 부르기 시작합니다. 가장 좋은 것은 2~3글자인데 그 글자수로 겹치지 않는 닉네임을 짓기란 무척 힘든 일이에요. 만약 닉네임 글자수가 길어지더라도 사람들이 나를 부를 땐 2~3글자로 부를 수 있는 이름이 좋습니다.

저자 4인의 닉네임은 '로미, 신은영작가, 윤담, 주얼송'인데요. 이름을 부를 때는 로미 님, 은영 님, 윤담 님, 주얼송 님, 이렇게 부르게 된답니다. 한글 이름이 대체로 두 글자이다 보니 줄여 부르는 것이 자연스럽습니다. 닉네임을 반드시 2~3글자로 지어야 하는 것은 아니지만, 그보다 긴 닉네임을 사용할 때는 줄여서 부르는 이름까지 먼저 생각하고 안내하는 것이 좋습니다.

넷째, 부를 때 발음과 소리가 헷갈리지 않는가?

헷갈리는 이름의 발음으로 혜/해, 에/애, 제/재 등이 있습니다. 해온/혜온, 재재/제제, 에슬론/애슬론처럼 발음을 듣고 적을 때 표기법이 사람마다 다르다면 헷갈리는 닉네임입니다. 닉네임을 소개할 때마다 항상 글자 표기를 덧붙여 설명해야 한다면 번거롭겠지요. 시작 단계에서 새로운 닉네임을 지을 때는 헷갈리는 발음의 단어는 피하는 게 좋습니다.

'준리치, 그로우헌, 아트꽁, 사치용'처럼 듣고 글자로 적었을 때 헷갈리지 않는 발음의 이름으로 지어보세요.

다섯째, 처음 사람을 만나 자기를 소개할 때 괜찮은 이름인가?

안녕하세요, '윌든처럼'입니다.
안녕하세요, '마음이머무는곳'입니다.
안녕하세요, '행복한우리가족'입니다.

처음으로 사람을 만나서 닉네임으로 나를 소개한다고 생각해보는 겁니다. 블로그가 온라인 기반 채널이지만 오프라인에서 만나 소개하는 일이 한 번은 꼭 생긴다는 것을 말씀드립니다.

줌미팅에 참여해서 내 닉네임을 소개하는 일도 생기고요. 오프라인 소모임이나 강의 등 행사자리에서 만나 인사를 나누는 자리도 종종 생깁니다. 그때 이 닉네임으로 나를 소개하면 어떨지 상상해보세요.

'마음이머무는곳', '행복한우리가족'은 닉네임보다는 블로그 소개에 가깝습니다. 블로그 닉네임은 '사람'을 표현해야 하며 그 대상은 바로 나 자신이지요. 단번에 떠오르지는 않습니다. 나를 드러낼 수 있는 단어, 이름을 계속해서 떠올려보세요.

여섯째, 영어를 포함하고 있지 않은가?

Tobesky, Skylucy, BeSpecialist, beyond the earth 등 좋은 뜻을 담아 영어로 적기도 합니다. 그럴 듯해 보이고 영어 스펠링이 한글보다 예쁜 이름으로 느껴지기도 합니다.

하지만 영어단어로 닉네임을 적는 것은 좋지 않습니다. 영향력을 키우고 싶다면 더욱 맞지 않습니다. 나는 영어로 적어놓은 닉네임이 익숙하지만 이웃들은 불편함을 느끼게 됩니다. 어떻게 읽어야 할지, 댓글에 인사를 남길 때는 뭐라고 불러야 할지 고민하다가 영어로 타이핑을 그대로 적기도 하는데요. 여러모로 불편합니다.

블로그를 하는 진짜 의미는 나만의 관점에서 벗어나 타인의 시선을 넓게 포용하는 연습을 해본다는 것에 있어요. 닉네임도 타인의 시선으로 점검해보세요. 다른 사람이 내 블로그에 들어와서 나를 부를 때 고민하지 않고 바로 읽고 부를 수 있는 이름이어야 합니다.

영어로 적은 내 이름이 마음에 들어서 바꾸고 싶지 않다면 영어 발음 그대로 한글로 옮겨 적는 방법이 있습니다. Tobesky는 '투비스카이', Skylucy는 '스카이루시'처럼 바꾸는 것이지요.

오래 사용해온 닉네임을 버리기 어려울 때

닉네임을 새로 짓는 것도 어렵지만, 오랫동안 사용해온 것을 바꾸는 것도 어렵습니다. 블로그 활동을 오래해서 닉네임을 바꾸자니 내가 아닌 것 같고, 그 닉네임을 계속 사용하자니 검색이 잘 안 되어서 고민되는 상황입니다.

이때는 예전 닉네임에 본명을 더해 익숙한 애칭과 검색까지 모두 잡는 방법이 있습니다. 사용하던 닉네임을 그대로 사용하되, 본명과 작가라는 정체성을 더한 '로미 | 정경미 작가'가 좋은 사례입니다.

블로그 닉네임은 내가 직접 나만의 의미로 나만의 이름을 만들 수 있습니다. 앞서 안내한 기준으로 점검하며 닉네임을 짓는다면, 이름을 고민하는 과정에서 또 다른 나의 정체성을 발견할 수 있습니다. 또한, 검색이 잘 되는 새로운 닉네임으로 영향력도 키울 수 있습니다.

3

온라인에서 통하는
연결의 비밀 '블로그명'

나만의 정체성, 가치, 개성을 담은 닉네임을 지었다면, 이젠 블로그
명을 지어야 해요. 블로그를 처음 시작하는 분들이 닉네임은 정성스럽
게 고민에 고민을 더해 고심해서 짓는다면, 의외로 블로그명은 가볍게
생각하거나 별생각 없이 두는 경우가 많았어요. 이유는 블로그명의 중
요성을 모르기 때문이죠.

닉네임이 가게를 운영하는 사람을 표현한다면,

블로그명은 가게 이름을 뜻합니다.

자, 이제부터 상상을 해보세요. 내가 블로그에 가게를 온라인으로 오픈했습니다. 사람들이 뭘 보고 우리 가게를 찾을까요? 네, 맞아요. 가게 이름입니다. 그래서 가게 이름을 잘 지어야 합니다. 가게 이름만 봐도 사람들이 이곳이 무엇을 하는 곳인지 알 수 있어야 합니다.

다시 이야기하면, 블로그는 온라인 세상에서 나의 가게이며, 가게를 오픈한다고 생각할 때 가장 심혈을 기울여야 하는 것 중 하나가 우리 가게 간판입니다.

먼저, 가게 이름을 잘 지어야 합니다.

잘 지은 이름이란, 직관적으로 무엇을 하는 곳인지 알 수 있는 이름입니다. 가게라면 고객이, 제품이라면 소비자가, 블로그라면 이웃이 처음 왔을 때 무엇을 파는 곳인지 직관적으로 알 수 있게 하는 것이 핵심입니다. 예를 들면, 이런 것이죠.

- 오뜨르베이커리 – 빵을 팔겠구나.
- 스미카츠 – 돈카츠 전문점이네.
- 동명닭집 – 닭고기를 메인으로 하는 음식점이겠군.

블로그 세상에서 사람들은 자신이 소비할 만한 콘텐츠가 있는지, 도움 받을 만한 정보가 있는지 간판을 보고 판단합니다. 따라서 간판이 중요합니다.

이번에는 블로그명(온라인 간판) 만드는 법칙을 알기 쉽게 가르쳐 드릴게요. 일단, 블로그명은 구체적어야 합니다. 보통 닉네임은 이름이기 때문에 그 이름이 무언가를 연상시키기가 어려워요. 말 그대로 고유명사이기 때문에 듣는 사람이 그 닉네임을 듣고 머릿속에 구체물을 떠올리기 어렵죠. 그래서 오래 기억되기 어렵다는 단점이 있습니다. 이때 블로그명이 닉네임의 단점을 보완해줄 수 있다면 이보다 좋을 수는 없습니다.

기본적으로 [브랜드 = 이름 + 이미지]로 만들어집니다. 지금부터 이웃들이 블로그명을 보고, 이미지를 떠올릴 수 있는 공식을 알려드릴게요. 블로그명은 '무엇을 하는 사람'인지 정체성을 드러내거나 '무엇을 말하는 공간'인지 그 속에 담긴 콘텐츠 주제를 드러내야 합니다.

무엇을 하는 사람, 무엇을 이야기 하는 공간

a. 닉네임 + 콘텐츠 주제의 조합

> **예** <u>쥬슌맘</u>의 <u>홈그라운드육아</u>, <u>신은영작가</u>의 <u>블로그 인사이트</u>
>   닉네임   내 콘텐츠 주제   닉네임   내 콘텐츠 주제

b. 닉네임 + 특징(연령, 직업, 국적, 사는 곳, 직위, 성별, 역할 등) + 콘텐츠의 조합

> **예** <u>핸담</u>의 <u>30대</u> <u>부동산</u>, <u>캘리포니아</u> <u>김수영작가</u>의 <u>교육이야기</u>,
>   닉네임 연령대 콘텐츠   사는 곳   닉네임   콘텐츠

블로그명은 일기장 같은 느낌의 독백이거나 에세이처럼 예쁘기만 해서는 승부를 보기 어렵습니다. 내 글을 보는 친구들이 이곳이 무엇을 하는 곳인지 알 수 있게 안내하는 역할을 해야 합니다. 사람들은 자신이 소비할 수 있는 콘텐츠가 있는지, 도움 받을 수 있는 정보가 있는지, 구매할 수 있는 정보가 있는지 블로그명(간판)을 보고 판단합니다.

예를 들어, 특정 키워드로 검색을 해볼게요. 네이버에 검색을 해보면 닉네임이 아닌 블로그명이 노출됩니다. 두 블로그 중에 어떤 블로

키워드 검색 예 1

> 결혼준비 마마웨딩 (마벨러스마리아쥬 결혼임신육아) · 2022.06.23.   ⋮
>
> **전주카페** 분위기 좋은 테라스 **노트릭카페**
>
> 멋진 **노트릭카페** 소개해드릴게요! 다녀온지는 좀 되요 ㅋㅋㅋ 배경이 겨울같지만 여기 분위기가 좋아서 전주카페 중에서도 인기가 많고 **커피**도 맛있는 곳이랍니다 요즘은 날씨가 좋아서 밖에 테라스에 앉아도 딱...
>
>

그를 클릭하고 싶으세요? 당연히 (검색과 어울리는 블로그명을 가진) 첫 번째 블로그겠죠? 그래서 콘텐츠 주제를 블로그명에 녹여서 쓰는 것, 콘텐츠 주제에 맞는 글을 일관성 있게 포스팅하는 것이 중요합니다.

콘텐츠가 나빠서가 아니에요. 만약 '결혼 준비 전 반드시 알아야 할 혼수품목'이라는 제목으로 검색했다면 아마 '결혼준비 마마웨딩'의 블로그가 선택되었을 테니까요.

여러분의 블로그명은 안녕하신가요?

이 페이지를 넘기기 전에 지금 핸드폰을 열고 블로그명을 바꿔보는 건 어떨까요? 온라인 간판의 장점은 비용을 들이지 않고 언제든 바꿀 수 있다는 점입니다. 충분히 고민하되, 블로그명 정하느라 정작 블로그를 시작하지 못하는 우를 범하지는 마세요.

4

나의 역사, 나의 포트폴리오를
정돈해주는 '카테고리'

"오랫동안 쓰고 있는 제 블로그에 '2012 MBC 파업일지'라는 카테고리가 있는
데요. 오랜 세월 다양한 매체에 기고한 글이 모여 있어요. 블로그라는 아카이브
덕분에 글감을 모으기 쉬웠어요. 이렇게 매일 기록하는 습관 덕분에 매년 한 권
씩 책을 낼 수 있어요. 일이 잘되면 성취의 기록을 남기고, 일이 안 되면 고난의
기록을 남깁니다.

전자는 독자에게 영감을 주고, 후자는 위로를 주지요. 글을 쓰는 입장에서는 일
이 안 풀린다고 좌절할 이유가 없어요. 그 또한 좋은 글감이 될 테니까요."

– 출처 : 〈채널예스〉 예스 인터뷰(2020. 3. 23)

『매일 아침 써봤니?』의 저자인 김민식 PD님은 블로그라는 아카이브 덕분에 글감을 모으기가 수월했다고 말합니다.

여기서, 아카이브archive란 무엇일까요?

아카이브는 '자료나 소장품 따위를 디지털화하여 한데 모아서 관리하고 그것들을 간편하게 검색할 수 있도록 모아둔 파일'이라고 해석됩니다. 특히 특정 단체나 개인이 자신이 만들어낸 수많은 기록들 중에서 가치가 있다고 판단되는 것들을 따로 모아 보관하는 기록물이나 그 장소를 말합니다.

사람들은 누구나 가치관이 있고, 자신만의 이야기가 있으며, 기록은 결국 나 자신이 된다고들 말합니다. '나'에 대한 기록이 나의 정체성을 확립하고 관찰하는 가장 좋은 방법임을 '기록'을 경험해본 사람들은 알고 있습니다.

이처럼 기록의 중요성을 인지한 사람들은 일상에서 자신의 다양한 모습을 기록하고 분류하면서 스스로를 뾰족하게 나타내고 있습니다. 기록을 하고 분류하면서 나의 정체성 및 캐릭터를 정리하는 것입니다.

SNS에 나의 일상과 생각을 아카이빙 하며 정체성을 찾는다고 표현합니다. 블로그의 가장 큰 장점 중 하나가 바로 '카테고리'입니다.

SNS의 기록은 보통 시간의 순서대로 쌓입니다. 페이스북이나 인스타그램에서 과거의 기록을 찾으려면 시간이 오래 걸립니다.

가끔 초등학생 자녀의 어린 시절 사진을 학교에 제출해야 할 때가 있습니다. 10살 된 아이가 이제 막 태어났을 때 사진, 목을 겨우 가누면서 찍었던 50일 사진, 태어나서 제일 포동했던 백일 사진, 돌잔치 사진에서는 지금보다 열 살이나 어린 남편의 앳된(?) 모습에 놀라기도 하는데요.

요즘엔 보통 핸드폰으로 사진을 찍고 파일로 저장하곤 합니다. 만약 20141030 날짜로 시작하는 파일명을 하나하나 클릭하며 사진을 찾았다면 얼마나 오래 걸렸을까요? 또한, 컴퓨터 하드가 날아갔다면 사진은 아예 찾을 수도 없습니다. 철썩같이 믿었던 컴퓨터 하드가 날아간 경험을 한 뒤로는 외장하드와 클라우드를 이용해서 백업의 백업을 하곤 합니다.

그런데 저는 학교에 제출해야 할 아이의 어린 시절 사진을 블로그에서 찾았어요.

아이와의 일상을 기록하는 카테고리에 차곡차곡 쌓여 있었거든요. 카테고리로 구분되어 있지 않았다면 전체 글에서 원하는 사진을 찾기까지 시간이 오래 걸렸겠지만, 블로그는 카테고리 기반의 레이아웃을 가지고 있어서 손쉽게 찾을 수 있습니다.

'나는 뭘 잘하는지, 뭘 좋아하는지 모르겠어요.'
'나는 또렷한 주제가 없어서 고민이에요.'

리블로그 과정에 참여했던 사람들의 50% 이상은 똑같은 고민을 가지고 있습니다. 다른 사람들은 딱 봐도 한눈에 보이는 주제와 방향성이 있는데, 본인은 아직 또렷하지 않아서 힘들어하곤 합니다. 그럴 때면 이렇게 말씀드립니다.

"일단, 써봐야 알 수 있어요."

쓰고 싶은 이야기, 쓸 수 있는 이야기를 차곡차곡 기록해보세요. 쌓이고 나면 그 안에서 자신의 정체성, 블로그 주제와 방향성을 찾을 수 있어요.

기록이 쌓이면 스토리가 됩니다.
기록이 쌓이면 브랜드가 됩니다.
기록이 쌓이면 커리어가 됩니다.

기억은 휘발되지만 기록하면 오래 남습니다.

일단 기록으로 나의 생각과 경험을 모았다면, 카테고리를 만들고 그 기록들을 분류하면 됩니다. 오늘 내가 한 기록을, 내일의 내가 분류하면서 나도 몰랐던 나의 반짝이는 정체성을 찾아줄 테니까요.

5

평범한 일상이 특별해지는 마법, 관찰과 기록 '글감'

"오늘 아침 친정엄마가 보내주신 말랑말랑한 쑥떡을 먹던 중이었습니다. 책을 보면서 의식의 흐름대로, 입에 떡을 넣었지요.

원래 음식을 빨리 먹는 습관도 있었고, 책에 집중하느라 제대로 씹지 않고 삼킨 것이 위에 도착하기도 전에 식도 저 아래에서부터 차곡차곡 쌓였나 봐요.

어느 순간 속이 갑갑해지면서 꽉 막힌 느낌이 들었습니다. 주방에 있는 냉장고로 달려가 냉수를 컵에 부어 마셨더니 막힌 속이 뻥 뚫린 느낌. '하마터면 죽을 뻔했네' 소리가 저절로 나오더군요.

평소 먹는 물인데 오늘따라 왜 이리 감사한지. 너무 익숙했던 것이어서 소중함을 몰랐습니다."

이 글은 어떤가요? 블로그 포스팅으로 쓸 수 있을까요? 너무 평범한 일상이라 쓸 수 없다고 생각했다면 이제부터 관점을 바꾸어야 합니다. 왜냐하면 평범한 일상이 많은 블로거들과 소통을 시작할 수 있는 마법의 글감이기 때문이죠.

우리는 어떻게 자신을 드러내야 할지 끊임없이 고민합니다. 그런데, 사실은 매일 24시간이 하루도 같은 날은 없습니다. 제일 잘 쓸 수 있는 자신만의 콘텐츠를 너무 당연하게 생각해서 놓치는 경우가 많습니다. 저 역시, 블로그를 처음 시작했을 때는 여러분과 같았습니다. 다른 블로거들의 콘텐츠를 소비하느라 정작 제 안에 있는 저만의 보석 같은 글감을 발견하지 못했었지요.

드라마 좋아하시나요? 저는 사람들이 책을 읽는 것보다 티비를 보는 것이 편해서 드라마를 좋아한다고 생각했는데요. 한 지인이 드라마 속 주인공의 패션과 인테리어를 참고하려고 드라마를 본다고 해서 깜짝 놀랐습니다. 많은 사람들이 드라마를 보며 각자 원하는 여러 정보를 얻는다는 것을 알게 되었거든요.

다른 사람의 삶을 통해 내가 원하는 것을 보고 있다니! 이처럼 우리가 중요하다고 생각하는 콘텐츠(주제)가 생각보다 가볍고, 가까운 곳에 있을 수 있습니다.

그래도 나는 모르겠다 싶으면 오늘부터 딱 일주일만 드라마 속 주인공의 일상을 보듯, 본인의 일상을 관찰하고 기록해보세요. 나의 하루를 글로 적어 보면 매일이 결코 똑같지 않다는 것을 알 수 있습니다. 더불어 나의 하루를 관찰하고 기록하는 것이 내가 알지 못했던 나만의 콘텐츠를 찾아가는 과정의 기록이자, 나와 비슷한 생각을 하는 다른 사람들에게도 도움이 될 것입니다.

개인 브랜딩은 여기서부터 시작입니다.

콘텐츠(주제)가 뾰족하지 않아도, 평범한 일상을 관찰하고 기록하는 것만으로도 브랜딩이 가능하다는 것을 이제는 아시겠죠?

재미있게 보았던 드라마들을 살펴보면, 처음부터 끝까지 부자인 사람들보다 가난했다가 부자가 되는 (우여곡절이 많은) 주인공을 많이 응원하게 됩니다. 결과만 보여주는 게 아니라, 결과까지 가는 여러 이야기가 있는 과정이 공유되는 것. 이것이 브랜딩의 핵심입니다.

자신의 어려웠던 과거부터 성공한 지금까지 모든 과정을 공유한 '드로우앤드류' 채널을 응원하고 자주 보는데요. 언젠가 그 채널에 초대되었던 출판사 사장이면서 작가였던 한 게스트분이 하셨던 이야기가 기억에 남더군요.

"노인과 바다를 쓴 헤밍웨이, 로미오와 줄리엣을 쓴 셰익스피어보다 내가 가장 잘 쓸 수 있는 글이 있다. 그것은 바로 일상이다. 나의 일상은 나밖에 기록할 수 없다."

너무 멋있는 말 아닌가요? 나의 일상을 관찰하고 기록하는 것은 평범한 일상이 특별해지는 마법의 시작입니다.

브랜딩, 내가 스스로 나의 일상을 관찰하고 기록하는 것에서부터 시작됩니다. 일상에서 나만의 이야기를 꼭 수집하세요.

6

호감도를 높이는 기술
'프로필 사진'과 '자기소개'

대학교에 다닐 때 같은 과 친구 4명과 다른 대학교 운동부 친구들이 4대 4로 미팅을 했어요. "안녕? 나는 누군데 내가 좋아하는 것은 이거 이거야"라며 밝고 명쾌하게 자기소개를 했습니다. 저를 소개하는 시간이 짧았지만, 분위기도 좋고 반응도 좋았습니다. 그런데 마지막 선택의 작대기는 저에게 오지 않았어요. 차분하고 단정한 예쁜 친구에게 몰렸어요.

'아~ 역시 첫인상!'

미팅에서 제일 중요한 건, 쾌활하고 밝은 성격이 아닌 단정한 첫인상이었다는 것을 그때 절실히 느꼈어요. 누군가 미리 알려주었다면 참 좋았을 텐데 말이죠.

그런데 미팅에서 첫인상이 사랑의 작대기 결과에 영향을 미치는 것처럼, 블로그에도 첫인상이 있다는 것을 알고 있으신가요?

이번엔 그 첫인상에 영향을 미치는 몇 가지에 대해 알아보려고 합니다. 네이버 검색창을 이용하여 정보를 검색했던 분이라면 분명 다른 분들의 블로그를 방문했을 거예요. 정보만 보고 휙 나오는 블로그가 있는 반면, 정보 때문에 들어갔다가 나도 모르게 이웃추가까지 하고 온 블로그가 분명 있을 거예요.

그렇다면, 혹시 이웃추가까지 했던 블로그의 어떤 점에 끌렸는지 생각해본 적 있으세요?

낯선 것을 선호하는 독자도 있습니다. 하지만 많은 사람은 평소에 보고 들었던 익숙한 것을 접했을 때 공감하고 끌리게 됩니다. 그렇다면 정보를 검색해 들어왔던 독자가 이웃추가까지 하는 블로그는 무엇이 다를까요? 물론 포스팅에 진정성도 있어야 하지만 그것만으로 바로 이웃추가까지 할까요? 블로그 첫인상에 영향을 주면서 익숙함을 느끼게 하는 두 가지 무기를 알아보겠습니다.

많은 블로거가 놓치는 것이 바로 이겁니다.

책이나 신문을 읽을 때 시선의 흐름은 왼쪽 상단에서 시작해 오른쪽으로 이동하면서 아래로 내려옵니다. 블로그 첫 번째 메인페이지에서 프로필 사진이 왼쪽 상단에 있는 이유도 사람의 시선이 제일 먼저 가는 곳이기 때문입니다.

실제로 지금 블로그를 켜고 나의 시선이 제일 먼저 어디를 향하는지, 내 블로그 첫 화면의 왼쪽 상단 프로필은 어떤 사진으로 설정되어 있는지 한번 살펴볼까요?

좋아하는 동물 사진? 만화 캐릭터 사진? 책 사진? 풍경 사진? 만약 이런 사진들이 프로필로 설정되어 있다면 바꿔야 합니다. 브랜딩 블로그에서 가장 중요한 것은 '사람'입니다. 사람들은 사람과 소통하고 싶어해요.

정보만 있어서 이웃추가는 하지 않았던 블로그 vs. 처음 본 블로그지만 이웃추가까지 했던 블로그.

이 둘의 차이는 같은 경험을 한 사람이 블로그에 보이는지 여부에 따라 달라집니다.

정확한 정보는 책에서 얻을 수 있지만, 여전히 많은 사람들이 블로그에서 검색하는 것은 나와 비슷한 누군가의 경험과 생각을 참고하기 위해서입니다. 그런데 그 경험을 공유한 사람이 보인다면? 당연히 자주 방문하겠죠? 그래서 프로필 사진에 '글을 쓰는 블로거', 즉 사람을 담아내야 합니다.

그렇다면, 프로필 사진에 어떤 사진이 있어야 할까요?

블로그의 주인, 본인의 모습이 있어야 합니다. 많은 수강생과 블로그 첫인상에 관해 이야기를 나누면 프로필에 사람 사진이 있을 때 가장 매력적으로 느낀다고 말합니다. 그러면서 정작 본인의 프로필 사진에 이상한 사진을 넣는 경우가 많았습니다. 방법을 몰랐던 것이지요. 사람의 시선이 제일 먼저 머무는 곳, 블로그 왼쪽 상단에 있는 프로필 사진의 중요성을 이제 알았으니 꼭 체크하기 바랍니다.

호감을 높이는 두 번째 무기는 '자기소개'

처음 가는 자리에서 빠지지 않고 하는 것, 내 세계로 다른 사람을 초대하는 시작은 바로 '자기소개'입니다. 블로그에도 자기소개가 빠질 수 없습니다. 블로그는 검색으로 유입되는 플랫폼입니다. 하지만 검색 결과를 보고 이웃추가까지 하는 것은 쉬운 일이 아닙니다. 내 블로그에 처음 온 사람에게 내 블로그가 어떤 블로그인지 설명할 수 있는 확실한 방법, 역시 자기소개입니다.

블로그에서 자기소개를 하는 방법은 두 가지입니다.

첫 번째는 자기소개 글을 쓰고 그 글을 공지로 설정하여 블로그 제일 위에 고정시켜 두는 것이고, 두 번째는 블로그 프로필의 짤막한 소개글입니다.

첫 번째, 자기소개 포스팅을 할 때는 닉네임에 대한 스토리, 블로그를 시작하게 된 사건, 블로그에 올리고 있는 콘텐츠 주제 혹은 가치관과 꿈에 대해 적으면 좋습니다. 또는, 내가 무엇을 하는 사람인지, 무엇을 할 것인지, 무엇을 줄 수 있는지, 블로그의 특징과 강점, 블로그에 쓰여질 정보에 대해 설명하는 자기소개도 좋습니다.

자기소개 글이 1년, 또는 특정한 사건이나 큰 변화가 있는 시점마다 쌓인다면, 자기소개 포스팅은 과거의 나와 지금의 나를 비교해볼 수 있는 나만의 역사로 남습니다. 더불어 같은 주제, 꿈, 가치관을 가지고 있는 다른 이웃과 소통할 수 있는 계기가 되기도 합니다.

그러니, 자기소개를 꼭 써야겠지요?

여기서 주의할 점이 있어요. 자기소개 작성 후에는 꼭 공지사항으로 등록해야 합니다. 공지로 등록하지 않으면 앞으로 쓰여질 많은 글 사이에 묻혀 버릴 수 있습니다. 공지로 설정한 글은 내 블로그 화면 상단에 항상 노출되며 내 블로그에 찾아온 사람이 바로 클릭해서 열어볼 수 있습니다. 꼭 공지로 등록해주세요.

두 번째, 프로필 사진 아래에 위치하는 블로그 프로필에 짧은 소개 글을 넣는 방법입니다. 프로필 소개글에는 너무 많은 정보를 넣는 것보다 짧고 강력한 한 문장이 좋습니다.

- '무엇을 하는 사람인지' 정의 → 나의 특징
- '무엇을 할 것인지' 어필 → 나의 강점
- '무엇을 줄 것인지' 약속 → 혜택 약속하기

긴 글을 쓰는 것보다 짧은 프로필 소개글이 쉬울 것 같지만, 사실 한 문장으로 나를 소개하는 것은 가장 어려운 일입니다. 나의 개성과 내가 블로그를 통해 전하고 있는 콘텐츠의 메시지, 삶의 가치관과 방향성이 또렷할 때 강력한 한 문장을 쓸 수 있습니다.

처음부터 완벽한 문장을 쓰려 하지 말고 현재 블로그를 하고 있는 나만의 이유나 생각을 진솔하게 적어보세요. 블로그에 글이 쌓이고 내가 어떤 사람이고 왜 블로그를 운영하는지 명확해질 무렵, 프로필 소개글을 다시 쓰면서 업데이트해보세요. 완벽하지 않은 소개글에 절망하는 대신 소개글을 쓰기 위해 고군분투하는 과정을 기록해보세요. 나만의 이야기가 만들어질 테니까요.

7

아는 만큼 보이는
'블로그 디자인'

아는 만큼 뭐가 보일까요?
알면 알수록 더 디테일을 찾게 됩니다.

새로 이사 갈 집의 인테리어를 준비하고 있습니다. 처음에는 도배만 생각하고 있었는데, 알아볼수록 자꾸 욕심이 납니다. 도배하는 김에 이왕이면 조명공사도 하고, 누런 무늬 주방 상부장도 필름지 작업을 할까? 점점 늘어나는 항목에 바닥공사까지 견적을 받아보았어요.

"바닥재를 이 색으로 바꾸실 거면 몰딩이랑 문틀 색상도 바꾸시는 게 좋아요. 그러면 견적이 ○○만 원 추가돼서 총 금액은 ○○○○만 원입니다."

예상했던 금액보다 2배로 훌쩍 뛰어버린 견적서를 받아들고 머릿속에 물음표가 둥둥 떠다닙니다.

'나는 마룻바닥만 바꾸면 되는데 왜 몰딩이랑 문틀 색상도 바꿔야 한다는 거지? 바가지 씌우려는 거 아닐까?'

인상 좋은 얼굴로 웃고 있는 직원을 의심의 눈초리로 한번 올려보고 다시 견적서를 한참을 쳐다봤습니다.

하지만, 인테리어 업체를 여러 곳 다녀보고, 홈인테리어 박람회도 다녀오고 나니 그 직원의 말이 이해되었어요. 바닥에서부터 이어지는 몰딩과 문틀, 문 색상의 조화가 잘 어울려져야 어색하지 않다는 것을요.

인테리어뿐 아니라 블로그에서도 아는 만큼 보이는 디테일이 있습니다. 이번에서는 아는 만큼 보이는 블로그 디자인 요소에 대해서 알려드릴게요. 디테일의 차이가 실력의 차이입니다.

여백의 미를 살려라

블로그는 글과 사진으로 메시지를 전달하는 콘텐츠입니다. 메시지를 전달하기 위해서 중요한 것이 가독성인데요. '여백'을 줘서 가독성

레이아웃·위젯 설정하기

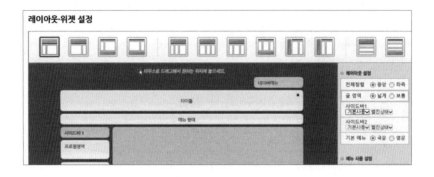

을 높이고 시각적으로도 매력적인 블로그를 꾸밀 수 있어요.

　제일 먼저 글 영역을 넓게 설정합니다. 블로그 스킨 안에 글 영역을 넓게, 보통으로 설정하는 기능인데요. 글 영역을 넓게 설정한다는 것은 용지 크기를 늘리는 효과가 있어요.

　엽서 크기 종이에 빡빡하게 적는 것보다 A4 용지에 여백을 두고 적는 것이 보기에도 좋고, 핵심 내용이 쏙쏙 눈에 들어옵니다.

일관성을 유지하라

　블로그 디자인에서 중요한 요소 중 하나가 일관성입니다. 주제의 일관성도 중요하지만 블로그 디자인에서도 중요해요. 폰트 종류, 폰트

색상을 동일하게 쓰는 것부터 시작해서 블로그 메뉴 색조합을 맞추는 디테일을 더하면 일관된 이미지를 갖출 수 있습니다. 일관된 이미지는 미적으로 좋을 뿐 아니라 보는 사람에게 신뢰감을 줍니다.

색조합을 찾을 수 있는 사이트는 '컬러헌트'(https://colorhunt.co)를 추천합니다. 같은 주황색도 채도와 명도, 그리고 어떤 색과 조합하는지에 따라 이미지가 다른데요. 색상별로 색 조합을 추천해주는 사이트라서 색조합을 찾는 데 도움이 됩니다.

지금부터는 퍼스널 컬러를 찾는 데 도움이 되도록 컬러별 상징과 의미를 알려드릴게요.

- 빨간색 : 시각적으로 자극적이며 강렬한 느낌을 주는 색상입니다. 우리가 흔히 접하는 빨간색은 혈액, 사랑, 분노 등을 연상시키곤 하죠. 빨간색은 관용, 사랑, 순교, 신, 용기를 의미하고 힘을 상징합니다.

- 주황색 : 식욕을 돋우는 색으로 유명합니다. 생활의 활력을 주는 색상이기도 하지요. 주황색 하면 감귤, 오렌지가 생각나는데, 따뜻하면서도 싱그러운 느낌을 주는 주황색은 에너지, 성과를 의미합니다.

- 노란색 : 노란색 하면 무엇이 가장 많이 떠오르나요? 저는 개나리 같은 예쁜 꽃도 생각나고, 어린이들과 돈이 생각납니다. 노란색은 영광, 힘, 부, 행복을 상징하는 색상입니다. 상큼한 느낌과 찬란한 느낌이 들고, 보면 볼수록 즐겁고 설레입니다.

- 초록색 : 초록색이라고 하면 우리는 가장 먼저 잔디 같은 풀들을 생각할 겁니다. 때로는 신호등이 생각날 수도 있지요. 초록색의 느낌은? 대부분 눈을 편안하게 만들어주는 색, 또는 눈의 피로감을 풀어주는 색이라고 할 겁니다. 확실히 초록색은 신경을 진정시켜주는 컬러입니다. 그만큼 자연을 상징하며 회복, 생명, 젊음, 조화를 의미합니다.

- 파란색 : 파란색은 자제와 적응을 상징하며 정신을 나타냅니다. 여름 하면 가장 먼저 생각나는 색상으로 시원한 색감을 볼 수 있는데요. 조용하면서 이성적인 느낌이 강한 파란색은 성실, 믿음, 신성함, 책임 등 의미가 있습니다.

- 남색 : 보는 분들마다 다르지만 가장 먼저 하늘이 생각납니다. 차분해지는 느낌으로 저 또한 좋아하는 색인데요. 남색은 깔끔하면서도 똑 부러지는 느낌을 주는 만큼 정리, 판단, 지성, 세련 등 절제된 의미가 있습니다.

- 보라색 : 신의 색이라고도 불리는 보라색은 영적인 것을 나타낸
  다고 합니다. 옛날엔 명성, 존엄성을 나타냈다고 하는데, 현대에
  는 억압된 감정을 표현할 때 많이 사용됩니다. 고귀한, 속죄, 신성
  함, 기다림 등을 상징합니다.

TIP | 신뢰를 주는 한 끗 차이

1. 블로그 레이아웃

2. 세부 디자인 설정하기

3. 블로그 스킨

4. 블로그 메뉴와 글 관리 페이지 구성요소 설정

언제 어디서나
스마트폰으로 손쉽게

❶ PC와 모바일 둘 다 잡는 블로그 습관 _ 웨일 브라우저 설치

블로그는 기본적으로 PC에 맞춰야 할까요? 모바일에 맞춰야 할까요?

블로그 글쓰기를 하면서 가장 많이 하는 고민 중에 하나가 의외로 이 부분이었어요. 서점에서 사서 읽는 책은 문단으로 글의 덩어리를 구분하는데요. 블로그는 SNS의 특성상 호흡이 짧기 때문에 중간에 엔터를 누르게 됩니다.

그런데 우리는 여러 종류의 디바이스를 사용하잖아요. PC, 테블릿, 모바일, 같은 모바일도 갤럭시냐 아이폰이냐에 따라 크기가 다르고, 같은 아이폰 중에서도 사이즈가 다양합니다. 그래서 같은 글이라도 보여지는 환경에 따라 완성도가 떨어지는 성의 없는 포스팅으로 보여지기도 하는데요. 위의 사진이 그 예입니다.

블로그 글쓰기를 빠르게 하기 위해 주로 PC를 사용하는데요. 발행 후 핸드폰으로 확인하면 글 배열이 깨져 당황스러울 때가 많습니다. 수정하면 안 좋다는 이야기를 들은 적이 있어서 그냥 두자니 마음이 불편하고, 고치자니 매번 그럴 수 없어 답답합니다.

하나를 선택하고 하나를 포기하는 것이 아닌, PC 버전과 모바일 버전 둘 다 잡는 블로그 습관을 지금부터 알려드릴게요. (앞에서 설명했지만, 습관이 중요하기 때문에 한 번 더 정리했습니다.)

– 첫 번째 팁 : 모바일 미리보기

블로그 글쓰기 화면(스마트에디터)에서 우측 아래에 버튼이 있어요. 버튼을 누르면 PC-태블릿-모바일로 화면이 바뀌고, 모바일 미리보기로 줄바꿈을 확인해볼 수 있습니다.

이때 미리보기 화면과 실제 모바일 화면이 정확히 일치하지 않아서 (모바일 기기별 사이즈가 다르기 때문), 줄 끝까지 채우면 한 글자만 아래로 내려가는 현상이 나타납니다.

모바일 미리보기에서는 문장 끝의 여백을 넉넉하게 남겨보세요.

– 두 번째 팁 : 문장 호흡 조절

한 문장을 짧게 끊어 쓰거나 두세 문장을 쭉 길게 이어쓰기입니다.

요녀석 역시 두가지 버전으로 만들었어요.

1 초등 저학년용
- 일기형태인 [나의 오늘은..] + **감정/감각단어**
2 초등 고학년용
- 주제글쓰기 [생각노트] + **글쓰기주제 예시**

글쓰기 예시와 감정 단어들은 글감이 생각나지 않을 때 활용하면 좋고, 사용한 경우 O표시를 해나가면 아이들이 재미를 느낄 수 있어서 좋아요.

편의상 초등 저학년, 고학년을 나눠놓긴 했는데 사실 직접 아들은 둘 다 사용합니다. 나의 오늘은 이라는 일기는 집에서 쓰고, 생각노트라는 이름의 주제글쓰기는 학교에서 사용하거든요.

1학년부터 6학년까지
두루두루 쓸 수 있는 만능노트!!

그림에서 위의 요약 부분은 짧게 여백을 남기고, 아래 설명하는 부분은 중간에 줄바꿈 없이 이어서 길게 쓴 것을 볼 수 있지요? 이 경우 모바일에서 보더라도 어색하지 않고 자연스럽습니다.

다시 정리하면 이렇습니다.

① 문장을 짧게 끊어서 줄바꿈을 하거나,

② 중간에 모바일 길이에 맞춰서 엔터를 넣지 않고 문장을 끝까지 이어쓰기

– 세 번째 팁 : PC에서 글을 쓰고 임시저장 후 모바일에서 발행하기

① PC에서 포스팅 글을 임시저장 후 화면을 끕니다.

② 핸드폰 블로그 앱에서 임시저장 글을 불러옵니다.

③ 줄바꿈이 어색한지 확인 후 발행합니다.

어렵지 않죠? 습관을 들이면 더 편안해질 겁니다.

❷ 내 콘텐츠에 맞는 모바일 첫 화면 구성법

네이버 블로그에서는 분기별로 블로그 평균 데이터를 공개합니다. 주제별 PC와 모바일의 기기별 분포를 안내하고 있는데요. 여전히 PC의 비중이 높은 편이지만, 모바일의 비중 역시 무시할 수 없을 정도로 빠르게 점유율을 높여가고 있습니다. 모바일의 경우 PC보다 화면이 작지만, 집중도가 높아서 첫 화면 구성에 따라 클릭률이 달라지기 때문에 신경을 써야 합니다.

2023년 11월 29일.

네이버가 공식적으로 '내 블로그 홈'을 개선했습니다. 2016년 처음으로 모바일에서도 쉽고 편하게 꾸밀 수 있는 내 마음대로 되는 '내 블로그 홈'을 개설했고, 그때 이후 가장 큰 홈 개선을 진행했습니다. 그만

블로그 평균 데이터 확인하기

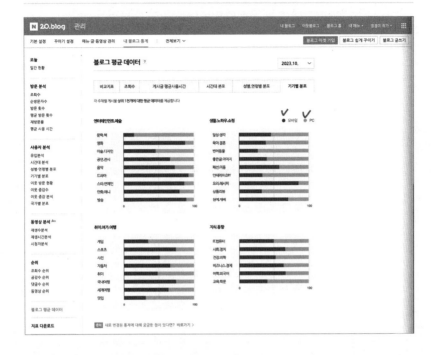

큼 모바일 사용자가 많아졌다는 뜻이겠지요?

블로그는 텍스트와 사진을 중심으로 한 기록 중심 플랫폼이지만, 모먼트나 마켓 같은 새로운 유형의 콘텐츠를 도입하면서 다각화를 시도 중입니다. 나를 알리거나 내 제품이나 서비스를 잘 표현하기 위해 모바일 첫 화면을 어떻게 구성하면 좋을지 고민해보세요.

변경된 부분을 먼저 설명드릴게요.

– 내 콘텐츠에 맞는 탭 선택

기존에는 블로그 탭만 제공했다면 이제 블로그, 모먼트, 마켓 3가지 탭이 제공됩니다. 내 콘텐츠의 강점이나 부각시키고 싶은 부분을 선택하여 해당 탭을 '대표 탭'으로 고정하여 강조할 수 있습니다.

대표 탭이라는 말은, 클릭하면 다른 탭으로 이동이 가능하다는 것이지 보이지 않는 건 아니에요. 해당 탭은 하나라도 관련 콘텐츠가 업로드 되어 있을 경우에만 노출된다는 점을 기억해두세요. (왜 나는 안 보이지? 헤매지 마시고요.)

나에게 맞는 탭 고르기

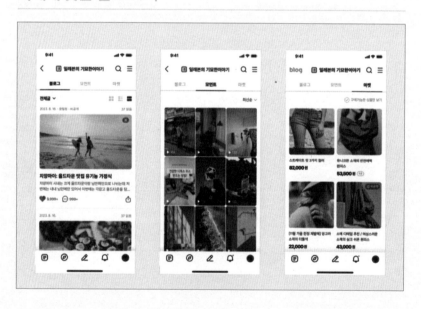

[블로그 탭]

블로그 탭이 가장 기본 탭이자 가장 많은 유저들이 사용하는 탭입니다. 일반적인 크리에이터가 대부분 이 탭을 사용합니다. 전체 글이 시간순으로 나열되므로 이웃들이 최신 글을 볼 수 있다는 장점은 있지만, 원하는 글이나 카테고리만 선택할 수 없다는 단점이 존재하지요.

블로그 탭은 다시 3가지의 뷰 타입이 있어요.

블로그 탭에서 뷰 타입 고르기

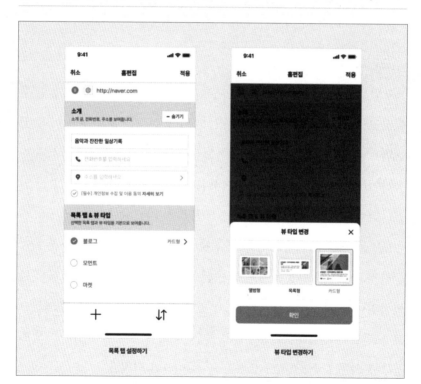

목록 탭 설정하기   뷰 타입 변경하기

개인의 취향에 따라 선택하면 되는데요. 특히 사진에 강점이 있다면 앨범형을 선택하세요. 인스타 감성을 낼 수 있습니다. 단, 쌓인 글의 수가 적다면 앨범형은 비추천합니다.

목록형과 카드형은 사진의 크기가 차이점이에요. 목록형의 경우 이미지가 작아서 동일한 지면에 글을 함께 보여줄 수 있다는 장점이 있지만, 사진이 부각되진 않습니다. 반면에, 카드형은 사진도 텍스트도 놓치고 싶지 않은 경우 좋은 선택지가 됩니다. 대신 목록형보다 한 화면에 볼 수 있는 콘텐츠 수에 제한이 있지요. 참고로 저는 카드형을 사용하고 있답니다.

[모먼트 탭]

모먼트 탭은 여행이나 맛집 콘텐츠가 메인인 블로거에게 유용한 탭이라고 생각하실 거예요. 그렇다면 아직 모먼트를 모른다는 이야기! 모먼트는 숏폼이 대세인 요즘 유튜브의 숏츠, 인스타그램의 릴스에 대응하여 네이버가 야심차게 만든 것입니다. 이번에 바뀐 구조 역시 인스타그램 레이아웃과 흡사하다는 느낌 받지 않으셨나요?

모먼트 탭은 브랜디드 콘텐츠나 체험단을 진행했을 경우 다른 글에 묻히지 않고 내가 픽Pick한 특정 콘텐츠만 보이게 한다는 측면에서 매력적입니다. 포스팅 글은 글대로 작성한 후에 포스팅 사진이나 영상으로 모먼트를 만들고, 포스팅 URL 링크를 모먼트 내에 삽입하는 방법을 사용하면 1석 2조, OSMUOne Sauce Multi Use가 되지요.

특별히 노출하고 싶은 프로모션이나 공지, 이벤트가 있다면 모먼트로 만들어보세요. 내 가게의 메뉴판 역할을 톡톡히 해줄 거예요.

[마켓 탭]

마켓 탭은 당연히 셀러에게 필요한 탭입니다. 다만 단순히 제품만 등록하고 판매하는 셀러라면 굳이 블로그 마켓을 이용할 이유가 있을까요? 그냥 네이버 스마트스토어에 상품을 등록하는 것이 장기적인 관점에서 유리합니다.

블로그 마켓은 블로그 기반 쇼핑몰이에요. 블로그 안에서 운영하는 쇼핑몰이다 보니, 블로그에 어울리는 제품을 팔게 됩니다. 본인만의 스토리텔링이 있는 경우, 그 이야기와 제품이 연결되는 경우 유리합니다. 다른 타 쇼핑몰처럼 제품만 올려놓는 경우에는 거의 효과를 보기 어렵습니다. 마켓 탭을 대표 탭으로 설정하되, 그 속에 콘텐츠를 꾸준히 쌓아올려야 구매로 이어진다는 것을 기억하세요.

이제, 다음 내용으로 넘어가기 전에 잠깐 멈추고 내 블로그 홈을 설정해보세요. 내가 주로 발행하는 콘텐츠의 성격에 맞게, 목적에 맞게 선택해야 한다는 거 아시죠?

소셜 미디어라고 하면 유튜브, 인스타, 블로그 3대장을 떠올립니다. 유튜브, 인스타는 알고리즘 기반 플랫폼인 반면, 블로그는 검색 기반 서비스라는 차이점이 있는데요. 블로그에 내 글이 상위노출되려면 찾고자 하는 내용과의 '관련도'+ '최신성'이 기준이 됩니다. 그런데 만약 내 글이 이 기준에서 벗어난다면?

아무리 글을 잘 써도 검색어를 사용하지 않았거나 오래된 글일 경우 회생이 불가능하죠. 알고리즘 기반의 유튜브 영상의 경우 하나의 영상이 터지면 연쇄작용을 일으켜 영상 전체 조회수가 동반 상승하게 되지만, 블로그는 그렇지 않아요.

노출이 되어야 사람들이 내 글을 클릭해서 들어올 텐데, 블로그에서 검색을 제외한 노출 지면은 '이웃새글'과 '추천' 딱 두 가지뿐이에요. 이때 노출을 늘리는 모먼트를 활용한다면? 우리가 그토록 원하는 노출 기회가 많아진답니다.

다음 그림에서 보듯 모바일에서 블로그 앱에 들어가면 노출 탭이 [이웃새글 탭]과 [추천 탭] 2개가 있어요.

이웃새글이 많은 경우 내 글을 이웃이 발견할 확률은 낮아집니다. 블로그의 특성상 내가 추가한 이웃도 나를 추가한 이웃도 많아요. 그러니 이웃새글 탭에서 내가 보고 싶은 블로거의 글을 놓칠 때가 많아

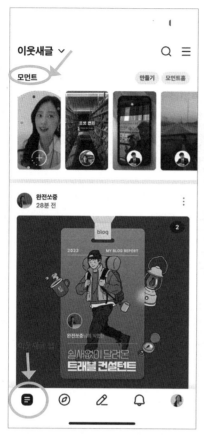

요. 그래서 기회는 줄어듭니다.

추천 탭은 어떤가요? 나를 추가한 이웃이 아닌 블로거 전체와 경쟁해야죠. 노출 확률은 더 떨어집니다.

그런데 어떤가요? 모먼트는 두 탭에서 별도의 자리를 갖고 있고, 위쪽에 배치되어 있어서 노출에 유리합니다. 전체 블로거가 하루에 생산해 내는 포스팅 수가 많을까요? 모먼트 수가 많을까요? 당연히 포스팅 수입니다. 이제 경쟁이 덜 치열한 모먼트를 빨리 만들고 싶어지죠?

– 블로거가 모먼트 하면 좋은 점

① 빠르고 쉽다

블로그 글은 사진 찾고, 글 쓰고, 발행까지 적어도 30분, 보통 한두 시간이 걸려요. 그에 비해 모먼트는 몇 번의 터치만으로 빠르게 만들 수 있어요. 이웃들에게 공유하고 싶은 순간이 있다면 모먼트가 시간 대비 최고의 효율을 만들어 냅니다.

② 네이버 생태계 연동

스티커는 다꾸처럼 예쁘게 꾸미는 효과만 있지 않아요. 내가 다녀온 장소, 쇼핑정보, 포스팅 링크까지 다양하게 활용 가능한데요. 이게 또 연결성이 좋아서 내가 올린 모먼트가 네이버 지도, 네이버 쇼핑 탭에 연동되어 노출됩니다. 꼭 활용해보세요.

많은 사람들이 모먼트 노출 전략을 나만 알고 싶은 꿀팁이라고 하더라고요. 추가로, 일반 블로거들도 잘 모르는 사실을 하나 알려드릴까요? 모먼트는 통합검색 결과에도 나온다는 사실입니다.

정성스럽게 쓴 내 글, 내 콘텐츠를 많은 사람들에게 보여주고 싶다

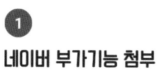

네이버 부가기능 첨부

면 꼭 모먼트를 이용해보세요.

브랜딩 블로그 체크리스트

1. 닉네임

2~3글자 한글로 되어 있나요?   yes   no

닉네임을 소리 내어 읽어보세요. 발음이 쉽나요?   yes   no

닉네임에 고유명사, 지역명이 들어 있나요?   yes   no

2. 카테고리

내 블로그 정체성과 전문성이 담겨 있나요?   yes   no

명확하고 구체적인 단어로 쓰여 있나요?   yes   no

상단메뉴 설정이 되어 있나요?   yes   no

* 상단메뉴 : 카페의 시그니처 메뉴처럼 내 블로그의 핵심 카테고리를 보여주는 메뉴

3. 소개글

블로그 소개, 닉네임 소개에 대한 포스팅을 작성했나요?   yes   no

소개글을 공지로 설정했나요?   yes   no

프로필이 본인 사진으로 등록되어 있나요?   yes   no

4. 프롤로그

프롤로그가 대표 메뉴로 설정되어 있나요?   yes   no

프롤로그 화면에 사진이 잘 보이나요?   yes   no

블로그 글쓰기 초보를 위한
100% 피드백

Q 포스팅이 예뻐지는 비결이 있나요?

A 다꾸(다이어리 꾸미기) 좋아하시죠? 저는 학창시절 다이어리가 빵빵해지도록 다이어리를 꾸미고, 꾸민 다이어리를 친구들에게 보여주는 걸 좋아했어요.

나만의 개성을 살린 다꾸처럼 밋밋한 블로그 포스팅을 나만의 취향을 담아 꾸밀 수 있는 팁을 알려드릴게요.

❶ 한 번 사면 평생 쓰는 네이버 블로그 스티커

다이어리만 스티커가 있는 게 아니에요. 블로그도 사진의 기능을 대처할 수 있는 이모티콘, 스티커를 잘 활용한다면 생동감을 줄 수 있어요.

구입한 스티커와 이모티콘은 블로그 포스팅 작성, 댓글에서도 사용할 수 있답니다. 감성과 취향을 담은 스티커를 찾아보세요. 블로그 사진에 쏟는 시간을 줄여주고, 포스팅을 더 즐겁게 지속할 수 있는 슬기로운 소비가 될 거예요.

TIP | **스티커 구매**

다른 분들의 포스팅에서 예쁜 스티커를 보았을 때 같은 것을 구입할 수 있어요. 또한, 네이버 OGQ마켓에서 다양한 스티커를 구경하고 구매할 수 있어요.
소셜 크리에이터 플랫폼인 '네이버 OGQ마켓(https://ogqmarket.naver.com)'에서 스티커, 이미지, 음원, 컬러링 시트 등 크리에이터의 다양한 디지털 콘텐츠들을 만나보세요.

❷ 가독성은 살리고, 포스팅도 예뻐지는 강조색 사용

강조색은 너무 많아도 혼란스러울 수 있으므로 본문에 강조색 1가지, 형광펜 배경색 1가지 등 최대 3가지만 사용하는 것이 좋습니다.

또한, 강조 표시는 전체 문단에서 대략 5~10%를 넘어가지 않도록

하고, 아주 중요한 단어 또는 문장에만 표시하는 것이 좋습니다.

브랜드는 이미지라고도 합니다. 이미지는 로고나 사진뿐 아니라 '색'도 중요한 부분을 차지하고 있어요. 빨간색 하면 코카콜라, 노란색은 카카오, 초록색은 왠지 네이버가 떠오르는 것처럼요. 이미지와 색깔만 봐도 떠오르는 브랜드, 그래서 브랜드 컬러가 중요합니다.

리블로그 하면 핑크색이 떠오른다는 분들이 많아요.
리블로그 카드뉴스와 이미지, 그리고 리블로그 포스팅을 할 때 강조색으로 '핑크색'을 썼기 때문이에요.
퍼스널 컬러를 정해서 꾸준히 쓰다 보면 주변 사람들도 ○○색 하면 ○○님이 생각나게 될 거예요.

TIP │ 컬러 팔레트(https://colorpalettes.net)

나의 퍼스널 컬러를 찾을 수 있고, 색조합도 추천해줘서 좋아요. 나중에 공지글을 쓰거나 카드뉴스를 만들 때도 많은 도움이 되니까 적극 활용해보세요.

week 4

함께
성장하는 법

애정이웃 1,000명이면
스몰 비즈니스도 가능하다

1

잘되는 블로그는
뭐가 다를까?

내가 쓴 글이 읽히는 글일까?

더 잘 쓰려면 어떻게 해야 하지?

내 글에는 왜 사람들이 반응하지 않을까?

어떻게 하면 사람들 반응도 좋고, 블로그도 성장할 수 있을까?

클릭하고 싶은 글인지, 주제와 방향성에 맞는 글인지, 이대로 하면 되는지 등 많은 분들이 묻고 또 물었습니다. 블로그를 처음 시작할 때는 가볍게 시작했다고 하더라도 글이 쌓이고 시간이 지나면 더 잘하고 싶은 마음이 생깁니다.

'매슬로우 욕구이론 5단계'라고 들어보셨나요?

인간은 하나의 욕구가 충족되면 그다음 상위 욕구를 충족하고자 한다는 이론인데요. 그 설명에 의하면 생리적 욕구, 안전의 욕구, 애정·소속의 욕구, 존중(존경)의 욕구, 마지막 자아실현 욕구까지 1단계부터 5단계로 욕구를 나누고 있습니다.

생리적 욕구가 만족되면 안전의 욕구를 추구하고, 그다음은 애정·소속 욕구를 추구하고자 하는 것이 인간의 욕구를 살폈을 때 자연스러운 섭리라는 이론입니다.

매슬로우 욕구이론에서 인간의 욕구를 5단계로 나눈 것에 더불어 결핍욕구와 성장욕구 두 가지로 분류를 하고 있는데요. 결핍욕구는 1~3단계인 생리적, 안전, 애정과 소속에 해당되며, 성장욕구는 5단계인 자아실현 욕구에 해당됩니다. 결핍욕구는 한번 충족이 되면 더이상 동기부여가 되지 않지만, 성장욕구인 자아실현 욕구는 충족이 될수록 그 욕구가 더욱 커진다고 하네요.

블로그에 글을 쓰는 행위는 어디에 해당될까요?

생리적 안전 욕구는 아닐 겁니다. 애정·소속의 욕구 또는 존중, 그리고 자아실현 욕구에 해당된다고 볼 수 있습니다. 마음을 나눌 수 있는 새로운 커뮤니티가 필요했거나, 내가 쓰는 글이 사람들에게 인정받고 존중받기를 원했을 겁니다. 그리고, 블로그에서 그 욕구를 충분히 충족하는 경험을 했다면 어느 순간 블로그의 슬럼프, 일명 블테기를 맞이할 수도 있겠군요. 이때는 이미 욕구가 충족되었는데, 매일 1시간 2시간씩 블로그 글쓰기 창을 붙잡고 글을 쓰는 것이 무의미하게 느껴질 수 있습니다.

이럴 때는 그 커뮤니티에 소속되려면 계속해서 글을 써야 한다는 챌린지를 해보면 어떨까요? 그러면 사람들은 강제성을 부여해서라도 블로그를 이어갈 수 있을 것입니다.

매슬로우 욕구이론에 따르면, 내적인 성장과 다음 스텝으로 나아가고자 하는 성장욕구, 자아실현 욕구가 강한 사람은 외적 동기부여나 시스템의 힘 없이도 스스로 블로그를 멈추지 않고 해나갈 수 있습니다. 우리가 블로그에 글을 씀으로써 어제보다 나아지고 싶다는 내면의 성장욕구가 충족되고, 점점 더 잘하고 싶어지는 마음이 자연스럽게 드는 것이 인간 본연의 욕구이기 때문이지요.

"어떤 마음으로 블로그를 시작했나요?"

블로그의 영향력 확대와 성장을 이야기하기 전, 스스로 블로그를 하는 이유에 대해 리뷰해보는 시간을 가지는 것이 블로그 성장에 밑거름이 됩니다.

잘되는 블로그는 한마디로 이야기할 수 있을 것 같습니다. 이웃추가를 누르게 되는 블로그, 사람들이 보고 싶어 하는 글이 계속해서 올라오는 블로그입니다. 그럼 독자 관점에서 생각해볼까요?

❶ 글을 꾸준히 올리고 있나요? (꾸준함)

독자 또는 팬의 입장에서 영향력 있는 인플루언서나 유명인의 블로그를 구독해보신 적 있으신가요?

사람들이 그 블로그를 구독하는 이유는 무엇일까요?

그 인플루언서, 유명인이 블로그에 새로 올리는 글을 보고 싶어서라고 생각합니다. 구독을 부르는 매력요소는 다양할 거예요. 제품 정보와 리뷰를 디테일하게 올려서일 수도 있고, 어디서도 볼 수 없는 인사이트가 담긴 글을 볼 수 있어서일 수도 있습니다. 또 여행 블로그라면 매력적인 여행 사진과 정보를 계속 볼 수 있어서이기도 하겠군요. 인테리어 블로그라면 감성 가득한 일상과 예쁜 인테리어를 볼 수 있기 때문일 수도 있습니다.

블로그는 전형적인 틀이나 기준이 없고, 어떤 콘텐츠를 어떤 주제로 누가 운영하느냐에 따라 매우 다양한 글과 형태로 만날 수 있는 채널이거든요.

중요한 것은 주기가 짧건, 길건 멈추지 않고 글이 계속 올라오는 블로그라는 것인데요. 하나의 방향성을 가지고 명확한 주제로 꾸준히 글이 올라오는 블로그는 분명히 매력적입니다. 사람들이 구독하고 싶은 요소가 분명합니다.

그런데 아무리 글이 매일 올라오더라도, 중구난방 콘텐츠와 반복되는 운동 인증이나 감사일기만 올라온다면 어떨까요? 어느 날은 운동 기록 타임스탬프가 찍힌 사진 한 장, 어느 날은 오늘 있었던 일기, 어느 날은 다른 사람의 글 스크랩….

블로그를 처음 시작할 때는 분명히 주제에 너무 연연하지 말고 내 생각이나 경험을 다채롭게 포스팅해도 괜찮다고 말했습니다.

하지만 지금부터는 다른 이야기를 하겠습니다. 블로그를 막 시작한 사람이 타인의 시선이나 반응, 블로그의 주제까지 생각하며 글을 쓰는 것은 힘든 일입니다. 블로그라는 플랫폼에 익숙해지면서 글쓰기가 자연스러워지기 전까지 적응하고 예열하는 시간이 필요합니다.

글쓰기가 충분히 익숙해졌고 내 블로그의 정체성과 주제를 크게 잡아보았다면, 더 영향력 있고 매력적인 블로그로 성장하기 위해, 이제는 내 블로그의 주제와 방향성, 그리고 독자의 관점을 생각해볼 때입니다. 영향력이라는 것은 갖고 싶다고 가질 수 있는 것이 아니라, 블로그에 올리는 글을 원하고 기다리는 사람들이 많아질 때 생기는 것이니까요.

❷ 내가 말하고자 하는 메시지나 주제가 또렷한가요? (일관성)

잘되는 블로그들의 공통점 첫 번째가 꾸준히 글이 올라오는 블로그라고 말씀드렸는데요. 두 번째는 또렷한 방향성과 일관성입니다.

사진을 잘 찍거나, 글을 잘 쓰거나, 아니면 외모가 멋진 사람이어야 영향력을 가질 수 있는 걸까요? 아닙니다. 내가 운영하려는 블로그의 방향성, 올리려는 글의 주제에 따라 사진이 중요할 수도 있고 글이 중요할 수도 있습니다. 사람의 외모가 끌리는 호감형이라면 영향력을 키울 때 도움이 될 수도 있겠지만 반드시 그런 것도 아닙니다.

꾸준한 포스팅 다음으로 중요한 건 일관성입니다.

『진짜 멋진 할머니가 되어버렸지 뭐야』(달, 2020년) 책을 쓰신 70대 블로거 맑고맑은 님의 블로그명은 '할매는 항상 부재중'입니다. 그리고 올라오는 콘텐츠는 여행 기록이 대부분입니다. 사이사이 책 리뷰 포스팅이 올라오고요. 소소한 일상기록도 올라오는데요. 잘 살펴보면 여행 중 있었던 에피소드가 많습니다. '직접 돌아다닌 여행기록'이라는 큰 방향성과 주제에서 벗어나지 않는 기록인 셈이지요.

❸ 내가 좋아하는 주제로 글을 쓰고 있나요? (즐거움)

이렇게 방향성을 가지고 블로그를 꾸준히 운영하려면 무엇이 가장 중요할까요? 좋아하지 않는 분야, 관심이 없는 주제에 대해 몇 년 동안 블로그에 글을 쓴다는 것이 가능할까요? 그렇지 않을 겁니다. 아무리 애드센스 광고 수익이 크다 하더라도, 내가 경제 공부하는 것에 관심이 없는데 경제나 재테크 글을 계속 쓸 수 있을까요? 다른 바쁜 일이 생기면 멈추게 될 가능성이 높지 않을까요?

내가 즐겁게 멈추지 않고 이어갈 수 있는 주제를 찾는 것은 쉽지 않은 일입니다. 나에 대한 사전 탐색이 중요한 이유입니다.

그래서 잘되는 블로그를 운영하는 사람들을 보면, 늘 즐거워 보인다는 공통점도 발견할 수 있습니다. 자신이 좋아하는 것에 꾸준히 관심을 가지고 그것에 대한 포스팅을 이어가기 때문에 즐거울 수 있는 것이지요.

'사람의 마음은 마음이 안다'는 명문장이 떠오릅니다. 내가 즐겁게 푹 빠져서 쓴 글은 읽는 사람이 반응하게 되어 있다는 것 아시나요? 그렇기 때문에 일관성 있는 주제를 미리 정하기 전에, 나에 대한 고찰을 놓쳐서는 안 됩니다.

잘되는 블로그, 그들만의 비결은 꾸준함, 일관성, 즐거움 3가지입니다. 그 블로그를 구독하는 사람들도 관심사를 기반으로 계속해서 글이 올라오는 블로그이기에 반응을 하고 매력을 느끼는 것입니다.

　내 블로그는 어떤가요? 꾸준하게 하고 계신가요? 그때그때 관심사가 생길 때마다 다른 이야기를 하지 않고, 일관성 있는 주제의 글을 발행하고 있나요? 무엇보다도 중요한 것, 기록을 하고 블로그를 하는 시간이 즐거운가요?

　지금 당장 이렇게 바꾸어야 한다고 말하는 것은 아닙니다. 분명히 쉽지 않은 길이고 나만의 방식을 찾아가기까지 시간이 오래 걸릴 수 있습니다.

　"천재는 노력하는 사람을 이길 수 없고 노력하는 사람은 즐기는 사람을 이길 수 없다"는 명언이 있습니다. 블로그를 계속하기 위해서라도 나만의 즐거움을 꼭 발견하세요.

　처음엔 커뮤니티와의 연결, 이웃과의 소통처럼 관계 속에서 주고받는 즐거움이어도 괜찮습니다. 오히려 더 도움이 된다고 말씀드리고 싶어요. 처음부터 내 안에서만 동기를 찾으려고 괴로워하지 말고 블로그를 함께할 수 있는 좋은 사람들과 연결되어 보는 것을 추천합니다. 서로가 서로에게 동기부여가 되어줄 수 있습니다.

2

1페이지 상위노출의 비밀, 제목에 넣는 키워드 공식

"오늘 포스팅 제목 어때요?"

"제목 짓는 것이 너무 어려워요. 클릭하고 싶게 끌리는 제목은 뭔가요?"

"어떻게 지어야 검색이 될까요?"

수강생들의 질문 중에서 가장 많고, 피드백을 통해 변화를 주고 싶은 것은 이번에 체크할 '포스팅 제목'입니다. 매번 수강생이 달라지는 강의에서 같은 질문이 반복적으로 나온다는 것은 누구 한 사람만의 고민이 아니라는 건데요.

한번 상상해볼까요?

동네에 빵집이 오픈했습니다. 처음에는 낯설어서 방문하는 것이 망설여졌는데, 하루는 빵 냄새가 너무 맛있게 나서 빵집에 들어갔어요. 세상에나, 밖에서 보았을 때보다 맛있는 빵이 많아서 하나씩 먹어보았는데 나만 알기 아까운 맛이더군요. 빵을 좋아하는 다른 사람들도 알았으면 하는 마음에 후기를 쓸 정도로 너무 맛있었습니다. 자주 방문하게 되었고 사장님과도 인사까지 하는 조금은 가까운 사이가 되었습니다. 어느 날 우연히 블로그를 보다가 좋아하는 맛집을 리뷰하는 분을 알게 되었습니다. 나도 때마침 자주 가는 빵집도 생각나고, 블로그 이웃들에게도 알리고 싶어서 '내 인생 최애 빵집 소개'란 제목으로 블로그에 리뷰를 썼습니다.

블로그를 하는 많은 분이 좋아하는 맛집, 다녀온 장소를 포스팅합니다. 그런데, 같은 곳을 포스팅해도 누구는 방문자수 1,000을 찍고, 누구는 방문자수 100을 찍습니다. 이런 경우에 대부분 블로거는 내 포스팅에 문제가 있나? 내가 글을 못 썼나? 사진이 이상한가? 생각하며 포스팅 본문에 문제가 있다고 생각합니다.

정말 포스팅 본문에만 문제가 있을까요? 물론 본문에 문제가 있을 수 있습니다. 사진을 넣지 않았다거나, 다른 사람의 글을 복사해서 붙여넣기를 했다거나, 글이 아주 짧으면 그럴 수 있습니다. 하지만 진정성 가득 담아 포스팅을 하는데도 불구하고 방문자수가 없는 것에는 이유가 있어요.

하루 동안 블로그에서 발행되는 포스팅 수는 몇 개일까요?

네이버 통계에 따르면 대략 1만 개라고 합니다. 1만 개의 포스팅 중 맛집, 여행 장소에 대한 포스팅은 몇 개나 될까요? 대략 하루 1천 개라고 생각하고 수치를 계산해도 한 달이면 3만 개의 포스팅이 발행됩니다. 숫자부터 어마어마하죠? 이렇게 많은 포스팅 중에서 내가 쓴 글이 사람들과 닿을 수 있는 방법은 바로 포스팅 제목에 있습니다.

글을 잘 써도 읽는 사람이 없다면 무용지물이 되는 것처럼, 좋은 내용만큼이나 클릭을 유도하는 포스팅 제목은 매우 중요합니다. 같은 장소에 대한 리뷰를 썼어도 방문자수가 달랐던 이유, 바로 제목 때문이었습니다.

콘텐츠가 넘쳐나는 시대에 우리는 글을 골라서 읽습니다. 자신에게 필요한 정보에 관해 검색된 글 중에서 선택을 하는데 알게 모르게 우리만의 기준이 있습니다.

수많은 콘텐츠 중에서 글을 고르는 기준

첫 번째는 제목이 끌릴 때입니다. 호기심, 궁금증이 들거나, 재미있어 보이는 제목이면 클릭을 합니다.

두 번째는 내가 찾는 정보가 제목에 있으면 바로 클릭을 합니다.

세 번째는 좋아하는 작가나 평소 자주 소통하는 블로그 이웃의 글이 보이면 제목에 상관없이 무조건 읽습니다.

첫 번째와 세 번째의 경우는 기존 함께했던 이웃들과 소통하는 경우로, 블로그를 이제 막 시작하는 분들이 도전하기에는 이른 감이 있습니다.

두 번째의 경우를 참고해보죠. 상위노출 제목에 관련된 내용으로 끌리는 제목을 지었어도 검색 키워드가 없으면, 아무리 본문을 잘 썼어도 사람들이 들어올 수 없습니다. 발견이 안 되는 거지요.

네이버는 검색 기반의 플랫폼으로 독자가 검색하는 특정 키워드가 블로그 제목에 있어야 포스팅이 노출됩니다. 지금까지 내가 끌리는 제목으로 썼다면, 이제부터는 독자가 끌리는 제목으로 바꿔야 합니다. 내 글의 독자가 어떤 키워드로 검색해서 관련 포스팅을 찾는지 정보를 찾는 것이 필요합니다.

블로그 주제에 맞는 키워드를 찾는 방법은 여러 가지가 있습니다. 가장 쉬우면서도 확실한 방법은 네이버 자동완성 키워드와 연관검색어입니다. 6~7월경에 학부모라면 누구나 한 번쯤 검색하는 여름방학을 예로 보여드리겠습니다.

여름방학을 네이버 검색창에 적으니 검색창 아래로 여러 단어가 보

입니다. 여기에 뜨는 단어들이 네이버 검색창을 이용하여 많이 검색하는 키워드입니다.

이렇게 자동완성으로 독자들이 많이 쓰는 키워드들 중 하나의 키워드를 선택하여 반복적으로, 메인 혹은 서브 키워드로 제목에 넣어주면 좋겠지요? 바로 왼쪽에 친절하게 연관검색어도 함께 뜹니다.

마지막으로, 제목에 키워드를 사용할 때 많이 하는 실수도 알려드릴게요.

① 검색 키워드는 제목 시작하는 곳에 씁니다.

② 특수기호는 쓰지 않습니다. (제목에 특수기호 사용은 검색에 도움이 되지 않습니다.) 독자들은 네이버 검색창에서 검색단어를 쓸 때 특수기호를 쓰지 않거든요. 별표, 하트, 괄호는 NO.

③ 너무 길어도 좋지 않습니다.

포스팅 제목이 중요한 이유는 세상과 내 글을 연결하는 통로가 되기 때문입니다. 그럼에도 블로그 포스팅 제목 짓는 것이 너무 어렵다면, 유튜브, 책, 신문 등에서 끌리는 문장을 수집해두었다가 블로그 글쓰기를 할 때 적용해보세요.

TIP | 제목에 들어가는 메인 키워드

같은 주제여도 검색하는 사람에 따라 단어가 달라집니다. 가장 많이 검색되는 단어를 메인 키워드라고 한다면, 메인 키워드와 주제는 같지만 다르게 검색될 수 있는 단어를 서브 키워드라고 합니다. 메인 키워드의 경우 많은 분들이 제목에 씁니다. 그러니, 이제 시작하는 블로거라면 '메인 키워드 + 서브 키워드'로 제목을 작성해주세요.

3

취향의 시대, 진심이 통하는
찐이웃 만들기

서로이웃을 하루에 1백 명, 2백 명씩 추가하면서 숫자를 키우라고 알려주는 블로그 강의가 있다는 걸 듣고 놀랐던 기억이 있어요.

그렇게 추가한 1백 명, 2백 명은 금세 1천명, 2천명이 될 텐데요. 단기간에 그 많은 사람들을, 그들의 블로그 글을 기억할 수 있을까요? 남길 수 있는 댓글은 분명 이런 것이겠죠.

"○○님의 글을 잘 보았습니다. 글을 무척 잘 쓰시네요. 제 블로그에도 방문해주시면 감사하겠습니다."

하하, 어쩐지 어디서 많이 본 댓글 같지 않나요?

기억하세요. 영향력 있는 블로그로 빠르게 클 수 있는 진짜 비밀은 바로 '소통'에 있습니다.

클릭하고 공감버튼 누르고 컨트롤 C로 복사해놓은 댓글을 컨트롤 V로 남기며 바로 나가는 이웃 1백 명, 2백 명은 오히려 내 블로그에 악영향을 줍니다. 네이버에서는 이렇게 겉으로 보여지는 공감수, 댓글수를 조작하는 꼼수를 처단하고자 부단히 노력하고 있거든요.

진심을 담아 나의 글을 읽고 마음 가득 댓글을 적고 가는 이웃 단 5명, 10명의 존재가 블로그의 성장에 훨씬 큰 도움이 됩니다. 이런 이웃들이 서로 마음을 다해 도와줄 수 있는 좋은 인연으로 연결될 수 있습니다.

찐팬, 팔로워라는 단어를 좋아하지 않습니다. 연예인들을 쫓아다니며 도시락 조공을 바치는 맹목적인 팬의 모습이 떠오르기 때문입니다. 물론 저도 누군가의 열렬한 팬입니다. 새 앨범이 나오면 무조건 듣고 보는 가수도 있고, 팬심 지극한 마음으로 인스타그램에서 훔쳐보듯 팔로우하는 에세이 작가, 소설가도 있습니다.

하지만 블로그에서만큼은 동등한 위치에서 따스한 눈빛을 주고받는 이웃 관계이길 원합니다. 블로그를 막 시작하려는 지금은 이웃이 1천 명인 블로거와 이웃이 10명인 블로거가 다르게 느껴질지도 모르겠어요.

하지만 블로그를 하면서 4년여의 시간이 지나고 보니, 이웃수와 영향력의 크기는 크게 상관이 없다는 것을 다시금 깨닫게 됩니다. 블로그를 통해서 누구나 자신의 경험과 배움, 과정을 기록하며 성장할 수 있고 내 글이 필요한 사람을 만날 수 있습니다.

블로그를 키우려고 한다면, 부디 찐팬을 만들려고 하지 말고 진정성 있게 소통할 수 있는 찐이웃, 진짜 사람을 만났으면 합니다.

찐팬 1천 명이면 충분히 영향력을 발휘하며 세상에 가치 있는 일을 할 수 있다는 말이 있습니다. 그 뜻을 부정하는 것은 아니지만 내 이웃 한 명 한 명을 나의 찐팬 1명으로 볼 것이 아니라, 개별적인 인격체로 존중하면서 만나고 소통할 수 있기를 바랍니다. 그 후에 진짜 블로그의 매력을 느끼고 이웃과 서로 용기를 주고받으며 한 걸음씩 나아갈 수 있을 것입니다.

블로그는 나의 경험과 정보를 이웃에게 전달하는 창구인 것은 분명하지만, 그렇다고 내가 그들보다 더 대단한 사람이거나, 잘난 사람이라는 의미는 아닙니다. 내 글을 의미있게 읽어주는 독자인 이웃이 있기 때문에 내가 성장할 수 있는 것입니다.

블로그가 의미있는 것은 단순히 온라인으로 끝나지 않고 결국 오프라인에서도 연결될 가능성 때문입니다. 상대방을 존중하는 태도를 잊지 않고 겸손한 마음으로 나의 이웃을 존중하며 진정성 있는 소통을 이어간다면 결국 '나'라는 한 개인의 성장으로 이어지게 마련입니다.

나의 이웃 한 사람을 소중히 대하는 마음이 진정성 있는 블로그 글쓰기로 이어집니다. 그 글은 결국 사람들의 진심 어린 응원과 지지로 돌아오게 됩니다.

성장하는 블로거의 소통 공식은 상대방을 존중하며 오히려 나는 낮은 자세로 상대를 섬기며 대한다는 공통점이 있습니다. 하나를 주고 둘을 주고 계산하지 않고 계속 주다 보면, 결국 나도 상대방으로부터 도움을 받게 된다는 것을 기억하면 좋겠습니다.

4

느슨하지만 다정한
연대의 힘

블로그는 어떤 면에서 생각보다 더디고 어렵게 느껴질 수도 있습니다. 기록이 쌓이면 분명 큰 힘이 된다는 것을 알고는 있지만, 그 시간을 기꺼이 견디는 사람은 많지 않아요.

하루에도 수십 명의 블로거가 새로 자신의 블로그를 개설하고 더 많은 블로거가 글쓰기를 멈춥니다. 유튜브처럼 당장 애드센스가 팡팡 나와서 수익화가 되는 것도 아니고, 그렇다고 조회수나 방문자수가 알고리즘을 타고 어느 날 갑자기 드라마틱하게 올라가는 것도 아니어서 참 지속하기 어려운 플랫폼이 아닌가 싶어요. (그럼에도 불구하고 가치가 있다는 것은 확실히 인정합니다.)

하면 할수록 노력한 만큼 성과가 나는 것이 블로그입니다. 공짜가 없어요. 딱 노력한 만큼, 그만큼 누구에게나 공평하게 성과가 돌아갑니다.

성공을 하기 위해서는 운과 노력이 잘 버무려져야 하는데, 블로그의 경우 아무래도 운보다는 노력의 영역이라는 생각이 들어요. 그래서 일확천금을 노릴 수도 없고, 로또 당첨을 꿈꾸기도 어렵습니다. 그럼 노력을 잘 해내기 위해서는? 과정을 잘 견뎌내는 사람이 되어야겠지요.

그래서 블로그 슬로건도 '기록이 쌓이면 뭐든 된다'인가 봅니다. 쌓여야 빛을 발하는 블로그이기에 성실을 담보로 시간을 축적해야만 하는 일. 그래서 블로그를 할 때는 느슨하지만 다정한 연대의 힘이 필요해요.

"힘들지? 나도 그래."
"원래, 다 그런 거야."

같은 과정을 통과하는 사람들끼리만 아는 비밀언어, "너도 그래? 나도 그래!"가 필요합니다. 블로그 이웃과의 소통은 멈추고 싶은 많은 날들 속에서 나를 세상 밖으로 꺼내줘요. 나만 그런 게 아니라 다른 사람들도 겪는 과정이라는 그 말 한마디에 불안은 스르르 녹아내립니다.

쓸데없는 경험은 없다.

일단 쓰고 보자.

블로그는 최종 목적지가 아니다.

나는 지금 아주 작은 돌을 쌓는 것이다.

그 돌에 집착하지 말자.

지금은 작고 작은 한 페이지의 글이지만 그 글이 나를 더 큰 바다로 데려가줄지도 모른다는 희망 하나로 시작했고, 지속했고, 계속할 겁니다. 그리고 이제는 그 길에서 만난 이들과의 '인연'이 더 큰 수확임을 알게 되었습니다.

그러니, 블로그 혼자 하지 말고 '함께'하세요.

5

나눌수록 얻는다.
주는 게 남는 거다

'공유의 시대'

함께 나눈다는 의미인 공유, 이제는 소유가 아니라 공유의 시대라고 합니다. 예전에는 직장에 취업하면서 자동차를 구입하고, 결혼해서 가정을 이루면 집을 사는 것에 큰 의미를 두었어요. 내 차, 내 집 등 내가 소유하는 것이 중요한 가치였습니다.

하지만 최근에는 이런 가치의 개념이 바뀌어 가고 있습니다. 자동차나 집을 구매하는 비용이 높아져서 그럴 수도 있지만, 소유하기보다는 필요한 순간, 함께 공유하면 사용하는 가치에 더 의미를 두고 있습니다.

이것을 공유경제라고 하는데요. 공유경제란 개인이 소유하여 사용하는 것이 아니라 공유하는 모든 활동을 말합니다.

예를 들어, 쏘카나 에어비앤비를 떠올려보세요.

지금은 집이나 자동차뿐 아니라, 지식이나 경험도 공유하는 것이 기본인 세상입니다. 특정 계층만 돌려 보던 찌라시의 시대가 아닌, 지식 공유의 시대입니다.

나누면 나눌수록 나에게 많은 것이 남습니다. 책 정보를 알려주려고 쓰다 보면 결국 나에게 가장 이득이 되는 일이에요. 책을 읽으면서 지식이 쌓이고, 통찰력도 깊어집니다. 읽는 행위에 그치는 것이 아니라 그것을 나의 언어로 재가공하면서 글을 쓰면 요약하고 정리하는 능력도 높아지고, 글쓰기 실력도 향상되지요. 나누면 나눌수록 결국 성장하고 성공하는 사람은 나누는 사람이에요.

의외로 많은 사람들이 다른 사람들에게 도움이 될 내용을 무료로 배포하고, 무료 스터디 모임을 만들어서 자기가 배운 것을 알려줍니다. 유튜브 영상으로 제작해서 나누는 사람들도 많지요.

조직심리학자 애덤 그랜트는 『기브 앤 테이크』(생각연구소, 2013)에서 성공한 사람들이 말하는 성공의 법칙이 아낌없이 주고 기꺼이 받는 것이라고 말합니다.

기버라고 하면 성공한 사람들, 여유 있는 사람들이 하는 것이라고 생각하기 쉬운데 그렇지 않아요. 초보가 왕초보에게 전달해줄 수 있는 메시지가 있습니다.

그것을 기록하고 전달하기 좋은 플랫폼이 블로그입니다.

블로그에 단 한 사람을 생각하면서 내가 가진 지식과 경험을 기록해볼까요? 그렇게 나누면 나눌수록 가장 성공하는 사람은 미래의 나입니다. 나눌수록 없어지는 것이 아니라 채워지는 것입니다.

6

블로그 고수는
스스로를 브랜딩한다

퇴사를 하며 직장이라는 바운더리를 벗어나고 나니, 세상에 이렇게 다양한 사람들이 살고 있구나 싶어요. 성인을 대상으로 강의를 하고, 커뮤니티를 만들고, 교육회사를 만들다 보니 생각보다 많은 사람들과 연결되더라구요. 이렇게 많은 기업의 대표님들과 교류하며 늘 주위에 사람이 많은 '사람부자'라서, 인재 채용에 대한 연락을 자주 받습니다.

"좋은 사람 있으면 소개 좀 해줘."

그때마다 난감해져요. 주변에 사람은 많지만 '사람'이 없거든요. 좋은 사람은 많은데 전화를 끊고 딱 맞는 사람을 떠올리기는 어려운 경우가 많습니다. 이유가 뭘까요?

일단, 자기 PR을 하지 않아요. 평소 어떤 일을 했고, 어떤 일을 하고 있고, 어떤 일을 하고 싶다고 말하지 않기 때문에 기회가 생겨도 연결이 어렵게 되는 것이죠.

며칠 전, 마케팅 일을 해보고 싶어 공부 중이라는 친구의 말을 듣고 깜짝 놀랐어요. 몇 년 동안 혼자 내공을 쌓고 있었다는데 그 시간 동안 한 번도 내색하지 않았다는 것에 놀랐고, 여태 자신의 이력과 경력을 숨기고 있다는 것에 안타까운 마음이 들었어요.

서랍 속에 숨겨진 나의 재능, 관심사, 실력….
왜 우린 이렇게 나를 드러내는 걸 어려워할까요?
"항상 겸손해라. 나서지 마라. 잘 난척 하지 마라"를 듣고 살았기에
자신을 어필하지 못한 건 아닐까요?

지금은 스스로를 드러내지 않으면 안 되는 시대입니다. 그게 브랜딩이죠. 로고를 만들고 이름을 짓고 그럴 듯하게 명함을 판다고 브랜딩이 되는 게 아니라, 묵묵하게 지금 내가 하는 일을 기록하고 말하고 꺼내놓을 때 자연스럽게 브랜딩이 됩니다.

회사에 들어가기 위해 이력서를 쓰고 제안하는 삶이 아니라, 나를 드러내고 표현하고 기록하고 말함으로써 제안 받는 삶으로의 이동, 그게 궁극의 브랜딩입니다.

기록하는 사람, 마케터 숭(이승희) 님이 치과 마케터로서 자신의 일을 기록하면서 스카웃이 되었고, 유튜버 이연이 유튜브에 그림을 그리며 자신의 이야기를 남김으로써 스타벅스에 입사 제안을 받았다는 사실을 떠올려보면 답이 보입니다.

관심 분야 공부를 하며 배움을 기록하고, 내가 해보고 싶은 일에 도전하고, 작게나마 프로젝트 단위로 시도해본다면, 그리고 그 모든 과정을 담는 그릇으로서 블로그를 바라본다면, 블로그에 대한 시선이 조금은 달라지겠죠?

고수들은 방문자수에 연연하지 않습니다.
고수들은 상위노출에 연연하지 않습니다.
고수들은 당장의 블로그 수익화에 연연하지 않습니다.

블로그 지수에
악영향을 미치는 습관

네이버에서 어뷰징이나 스팸으로 분류되는 행위는 수십 가지입니다. 어뷰징, 스팸으로 분류되는 행위를 한 번 사용한다고 문제가 생기지는 않습니다.

하지만, 평소 나도 모르는 사이 습관처럼 반복하는 잘못된 행동이 오랜 기간 누적된다면, 열심히 기록을 쌓고 있는 블로그에 문제가 생길 수밖에 없겠죠? 꾸준히 노출되던 블로그가 어느 날 갑자기 검색이 되지 않는다고 생각해보세요. 생각만 해도 아찔합니다.

성실하기만 하면 되는 줄 알았던 것들이 사실은 잘못된 습관임을 깨닫게 될 것입니다. 다음 체크리스트를 통해 잘못된 블로그 습관을 점검해보세요.

블로그 지수에 악영향을 미치는 반복적인 습관
셀프 체크리스트 10가지

1	**키워드를 반복적으로 사용하고 있다.** 상위노출이나 단순 노출을 목적으로 블로그 주제와 관련된 키워드를 무분별하게 반복적으로 꾸준히 사용한다.	
2	**발행 후 수정, 비공개, 삭제를 한다.** 포스팅를 발행한 후 수정, 비공개, 혹은 삭제를 자주 한다.	
3	**유용한 링크를 자주 걸어준다.** 같은 주제로 올렸던 지난 포스팅, 오늘 보았던 유튜브 등 외부 링크를 포스팅에 자주 쓴다.	
4	**같은 사진을 여러 곳에서 사용한다.** 지인들과 함께 찍은 사진을 반복해서 자주 사용한다.	
5	**직접 찍은 사진 중 마음에 드는 사진은 자주 반복해서 사용한다.** 직접 찍은 사진을 여러 포스팅에 반복해서 사용한다.	
6	**글 혹은 이미지를 복사하여 포스팅에 붙여 넣는다.** Ctrl+C, Ctrl+V를 자주 사용한다.	
7	**썸네일로 시선을 끌 수 있도록 큰 글자를 넣는다.** 썸네일 이미지에 글자를 자주 쓴다.	
8	**제목에 키워드를 5~10개 나열한다.** 검색이 잘될 수 있도록 키워드를 과하게 많이 적는다.	
9	**분류하기 편하도록 제목 앞자리에 숫자를 꾸준히 쓰고 있다.** 카테고리나 같은 주제의 포스팅을 몇 개 썼는지 확인할 수 있는 나만의 번호를 꼭 쓰고 있다.	
10	**같은 시간에 예약 발행을 꾸준히 하고 있다.** 새벽 6시. 매일 똑같은 시간에 예약 발행을 해서 나의 성실함을 보여주고 있다.	

총   개

※ 블로그 저품질을 예방하기 위해 하나라도 해당된다면 주의가 필요합니다.

블로그 글쓰기 초보를 위한
100% 피드백

Q 블로그에서 왜 태그를 다는 건가요? 달아야 한다면 어떤 태그를 다는 게 좋은가요?

A 블로그에 태그를 붙이면 같은 태그가 있는 글을 모아줄 수 있습니다. 인스타그램에서 해시태그는 내 피드의 노출과 유입에 핵심 역할을 하는데요. 블로그는 그렇지 않습니다. 블로그 유입에 태그가 미치는 영향력은 아주 미미합니다.

각 기기별 특징을 알아볼까요?

① PC 버전

내 블로그 안에 같은 태그가 있는 글을 모아서 확인할 수 있습니다.

② 모바일 블로그 앱

태그를 눌러 같은 태그로 포스팅 된 다른 블로그의 글을 함께 볼 수 있습니다. 최신순으로 먼저 보이고, 추천순으로 바꿔 볼 수도 있습니다.

– 블로그 태그 사용법

본문에 # 태그를 넣는 것은 추천하지 않습니다. 태그를 누르면 다른 글로 이탈할 수 있기 때문이에요. 굳이 외부로의 연결 링크를 넣지 않아도 괜찮겠죠?

포스팅에서 가장 하단, 또는 발행 전에 창 태그편집 란을 통해 넣어주세요. 본문 포스팅과 연관이 있는 태그를 5개 내외로 추가할 것을 추천합니다. 개수가 많아지면 보기에도 좋지 않고 홍보글처럼 여겨질 수 있어요.

– 태그를 똑똑하게 활용하는 법

태그 사용을 꼭 해야 하는 건 아닌데요. 활용법을 물어보셨으니, 이왕에 사용한다면 블로그 주제, 혹은 포스팅 제목 키워드로 넣는 것을 추천합니다.

Q 댓글이나 공감수, 조회수가 제 글에 대한 성적표 같은 기분이 들어요. 멘탈을 관리하면서 꾸준히 쓸 수 있는 팁을 알려주세요.

A 성적표 받는 느낌이라는 것에 충분히 공감합니다. 저희도 같은 생각을 한 적이 많았어요.

'내가 글을 잘 쓰지 못했나? 내가 쓴 글에는 왜 댓글이 달리지 않을까? 조회수는 왜 이렇게 낮은 거지?' 그래서 블로그 유입과 조회수를 높이기 위해 각 잡고 키워드 팍팍 넣어서 포스팅 한 적이 있었어요.

이번 포스팅 조회수는 1천을 찍어보자. 1천이 넘었을까요? 네, 조회수 1천이 넘었어요. 그런데 말이죠. 1천 찍었다고 해서 이웃이 1천 명 늘지 않았고요. 1천 찍었다고 해서 공감이 1천 개가 되지 않더라구요. 당연히 댓글은 안 달리더라구요. 그때 깨달았던 것 같아요. 공감수, 조회수는 신기루이고, 눈에 보이는 숫자 중 내가 가장 믿어야 할 숫자는 시간의 누적과 포스팅 수라는 것을요.

저희 동네에 5년 된 빵집이 있는데요. 처음에는 빵 종류도 얼마 없어서 가게에 손님이 텅 비어 있었던 적이 많았어요. 솔직히 망할 것 같았어요. 그런데 시간이 지나고 빵의 종류도 늘어나자, 지금은 사람들이 예약해서 빵을 사야 할 정도로 유명한 가게가 되었습니다.

블로그를 시작하는 지금은 조회수, 댓글수, 공감수보다 맛있는 빵을 채울 시기예요. 나만의 속도대로 빵을 채우면 분명 그분이 오십니다.

– 글이 잘 써지지 않을 때 멘탈에 좋은 방법

① 완벽보다 완성 : 죽이 되든 밥이 되든 완성한다. (피드백 꼭 받기)

② 하고 싶은 말부터 써보기 : 두괄식(핵심이 앞쪽에), 미괄식(핵심이 뒤쪽에)

③ 마감일을 정하기 : 마감일을 지키면 나만의 선물을 준다. (커피, 아이스크림처럼 소소한 즐거움이 되는 것)

④ 그래도 써지지 않는다면 임시저장 : 안 쓴다고 뭐라고 할 사람은 아무도 없어요. 쓸 수 있는 만큼 매일 쓰는 게 중요합니다.

블로그를 위한 챗GPT 활용법

1

글쓰기 동료가 필요하다면?
블로그에 딱 맞는 챗GPT 사용법

'왜 오늘도 글이 안 써지는 걸까?'

'책속 문장이라도 가져와서 연결시켜볼까?'

책속 문장을 필사해둔 노트를 뒤적거려보지만 적당한 이야기가 떠오르지 않습니다. 직접 경험한 에피소드를 쓰고 싶다가도 너무 사적인 이야기 같아 멈칫하고 맙니다.

블로그를 하다 보면 쓸거리가 넘쳐나 즐겁게 글을 쓰는 시기도 있지만, 꽉 막힌 듯 풀리지 않는 순간도 자주 찾아옵니다. 온 힘을 다해 글을 쓰고 발행을 했지만 반응이 신통치 않아 아쉬운 날도 많지요.

'제목이 문제였을까? 글이 지루했나? 공감요소가 덜한 걸까? 아니면 사진을 좀 바꿔볼까?'

도통 글이 안 써질 때는 어떻게 풀어야 할까요? 누가 좀 옆에서 콕콕 짚어서 알려주면 좋겠습니다. 그런데 2022년 11월 30일에 이 답답한 마음을 해소해줄 맞춤형 해결사가 나타났습니다. 바로 대화형 인공지능 서비스 챗GPT_{ChatGPT}입니다.

2023년을 들끓게 했던 핫이슈 챗GPT가 무엇이길래 세상이 요란했고, 주요 IT기업들이 동요했는지 간단히 살펴보겠습니다. 또한, 챗GPT를 블로그에 어떻게 활용할 수 있는지에 대해 구체적이고 쉽게 알려드리겠습니다.

챗GPT 서비스를 세상에 공개한 오픈AI_{OpenAI}는 인류에게 이익이 되는 인공지능을 연구하고 개발하여 배포한다는 미션으로 운영되는 미국의 기업입니다.

챗GPT는 대화형 인공지능(생성형 AI) 챗봇 서비스인데요. 간단히 말해 채팅하듯이 대화를 주고받으며 활용할 수 있는 인공지능 서비스입니다. 대화를 통해 시험 문제를 풀어주기도 하고 글을 대신 써주기도 합니다. 철학적인 질문에 대해 답을 찾아주거나 방대한 정보를 요약해서 알려주기도 하지요. 챗GPT가 만들어내는 답변 수준은 놀라울 만큼 인간적이고 상세했습니다. 그런 서비스가 일반인에게 무료로 공개되었으니, 세상이 더욱 시끄러웠던 것이었지요.

Let's create.
Let's brainstorm.

Let's go ChatGPT.

오픈AI 공식사이트에서 볼 수 있는 챗GPT 서비스 소개 문구 중 일부입니다. 네이버나 구글과 같은 기존의 검색엔진이 웹문서에서 질문과 가장 매칭되는 문서를 찾아주는 검색결과와 연관 검색어 추천을 해주는 정도였다면, 챗GPT는 창의적인 영역에서 활용할 수 있음을 보여주는 문구입니다.

특히 챗GPT는 대화를 하면서 질문을 던지면 답을 찾아서 문장을 써주기 때문에 에세이, 소설, 시와 같은 창의적인 영역의 글쓰기에서 더욱 적극적으로 활용할 수 있는 인공지능 대화 서비스입니다.

블로그는 한 편의 포스팅을 발행하면서 다른 어떤 SNS보다 글쓰기를 기반에 두고 있기 때문에, 챗GPT를 활용했을 때 더욱 많은 도움을 받을 수 있습니다.

여전히 어렵게만 느껴지는 챗GPT는 막상 직접 활용해보면 생각만큼 복잡하지 않다는 것을 알 수 있는데요. 이용방법을 살펴볼게요.

① https://chat.openai.com 사이트에 접속합니다.
② 'Sign up' 버튼을 눌러 회원가입을 합니다.
③ Email을 등록할 수도 있지만, 내가 사용하고 있던 구글계정으로 연결하는 것이 가장 간단하게 회원가입을 하는 방법입니다. 구글계정으로 가입할 것을 추천합니다.

④ 이름과 생년월일을 입력합니다.

⑤ 휴대폰 번호를 입력해 인증코드를 받아서 인증합니다.

하나의 휴대폰 번호에 하나의 Email을 등록할 수 있으니 잘 기억해 두는 것이 좋습니다. 그럼 이제 챗GPT를 시작할 준비는 끝났습니다.

(챗GPT를 실행할 때) 왼쪽 검은색 배경의 메뉴에 '+New Chat' 버튼을 눌러 대화목록을 새로 만들어서 시작할 수 있고, 오른쪽 하얀색 큰 영역의 'Send a message' 라고 써 있는 대화창에 질문을 입력하면서 바로 시작해도 됩니다.

"오늘이 며칠이야?"라고 입력하고 '〉' 전송버튼을 누르거나 엔터를 입력해서 대화를 시작하면, "오늘은 2023년 10월 20일입니다"라는 간단한 답이 돌아옵니다.

"그럼 23년이 며칠 남았는지 알려줄래?"라고 질문을 해보면, 조금 더 긴 답변과 함께 "2023년이 끝나기까지 72일이 남았습니다"라는 내용도 확인할 수 있습니다.

이렇게 활용하면 네이버 검색창과 크게 다르지 않습니다. 챗GPT를 제대로 활용할 수 있는 질문은 예를 들면 이런 것입니다.

"나는 40대 직장인이야. 올해가 지나기 전 꼭 읽어야 하는 책이 있다면 추천해줄래?"

> **You**
> 나는 40대 직장인이야. 올해가 지나기전 꼭 읽어야하는 책이 있다면 추천해줄래?

> **ChatGPT**
> 물론, 읽어야 할 책을 추천해 드릴 수 있습니다. 다만 책의 선택은 개인적인 관심사, 목표 및 필요에 따라 다를 수 있습니다. 그럼에도 불구하고, 비교적 일반적인 주제와 관련된 몇 가지 책을 추천해 드릴 수 있습니다. 이 중 하나 또는 그 이상이 귀하의 관심사와 필요에 맞을 수 있습니다:
>
> 1. "부의 추월차선" - 로버트 기요사키: 재무 교육과 투자 전략에 대한 통찰을 제공하는 이 책은 재무 자유를 실현하는 방법에 대한 기본적인 개념을 다룹니다.
> 2. "좋은 타이밍" - 다니얼 H. 핑크: 이 책은 타이밍과 결정을 내리는 방법에 대한 연구를 토대로 언제 무엇을 해야 하는지에 대한 통찰을 제공합니다.
> 3. "생산성의 바이블" - 디비드 앨런: 업무 생산성을 향상시키고 스트레스를 관리하는 방법에 대한 가이드를 제공하는 이 책은 직장에서 효과적으로 일하는 방법을 배우는 데 도움이 될 것입니다.
> 4. "아울라이어스" - 말콤 글래드웰: 이 책은 성공과 업적을 달성한 인물들의 이야기를 통해 어떻게 뛰어난 결과를 얻을 수 있는지에 대한 개념을 탐구합니다.
> 5. "사이템 오브 더 월드" - 마이클 윌튼: 이 책은 현대 세계의 이슈와 전망에 대한 이해를 제공하며, 직장에서의 결정을 뒷받침할 수 있는 정보와 통찰을 제공합니다.
>
> 어떤 주제나 관심사에 대한 책을 선택하던, 자신의 목표와 필요에 부합하는 책을 찾는 것이 중요합니다. 이러한 추천 중 하나를 선택하거나 본인의 관심사에 맞는 책을 찾아 읽어보시기를 권장합니다.

챗GPT는 하나의 대화목록 안에서는 이전의 대화내용과 맥락을 기억하고 있습니다. 그래서 이렇게 질문을 더 해볼 수 있습니다.

"나는 사실 블로그 운영을 막 시작했어. 글쓰기에 도움이 되는 책도 좀 추천해줄래?"

챗GPT는 영어를 기본으로 제공하는 서비스이므로, 한국어로 질문하고 답을 받는 것은 어딘지 모르게 어색하게 느껴질 수도 있습니다. 더 구체적이고 상세한 답을 원한다면 구글 번역을 활용해서 영어로 질

You

나는 사실 블로그 운영을 막 시작했어. 글쓰기에 도움이 되는 책도 좀 추천해줄래?

ChatGPT

블로그 운영을 시작한 데 도움이 되는 글쓰기 관련 책을 추천해 드리겠습니다. 아래는 글쓰기 기술과 창의적인 글쓰기를 개선하는 데 도움이 될 수 있는 몇 가지 책입니다:

1. "글쓰기의 기술" - 윌리엄 F. 제임스: 이 책은 핵심 글쓰기 기술을 가르쳐줍니다. 문장 구조, 문맥, 스타일 및 목적에 따른 글쓰기 원칙을 다룹니다.
2. "창의적 글쓰기를 위한 3분" - 피터 라운즈: 이 책은 글을 더 창의적으로 쓰는 데 도움이 되는 연습과 기술을 제시하며, 아이디어를 개발하고 글을 효과적으로 구성하는 방법을 안내합니다.
3. "글쓰기의 공" - 스티븐 프레스필드: 이 책은 글쓰기 프로세스를 향상시키는 방법과 블로그 글을 더 강력하게 만드는 데 도움이 될 것입니다.
4. "플롯 블로그를 쓰는 법" - 헤더 아커맨: 이 책은 블로그 운영과 글쓰기에 관한 실용적인 조언을 제공하며, 블로그를 성공적으로 운영하는 방법을 다룹니다.
5. "글쓰기를 위한 스타일 가이드" - 윌리엄 스트런트: 이 책은 스타일 가이드 및 문법 규칙에 대한 자세한 정보를 제공하여 글쓰기의 정확성과 일관성을 유지하는 데 도움을 줍니다.

이러한 책들은 글쓰기 과정을 향상시키고 블로그 글을 더 효과적으로 작성하는 데 도움이 될 것입니다. 블로그 운영은 연습과 지속적인 학습이 필요한 활동이므로, 이러한 자료를 활용하여 글쓰기 기술을 향상시키는 것이 좋습니다.

문하고, 영어로 답을 받고, 그것을 다시 구글 번역으로 돌려보는 방법도 가능합니다.

2

뭘 써야 할지 모르겠다면?
챗GPT를 활용한 글감 찾기

블로그에 글이 잘 써지지 않는 시간이 있습니다. 솔직하게 쓰고 싶지만 솔직하게 쓸 수 없는 상황 속에서, 그럴 듯한 말을 지어내서 쓰거나 내가 아닌 척하면서 글을 발행하고 싶지는 않거든요. 그야말로 뭘 써야 할지 막막합니다.

우리의 일상은 글감이 가득하지만 어떤 내용을 어떤 관점에서 바라보며 쓸 것인지가 항상 어려운 것 같습니다. 또 어떤 건 나에게 너무 익숙하다 보니 글감이 될 만한 소재로 안 느껴지기도 하거든요. 어떤 주제가 글감이 될 만한 이야기인지, 또 어떤 것을 사람들이 궁금해할지 챗GPT에게 물어보기로 했습니다.

"3040 직장인 대상으로 발행하기 좋은 블로그 포스팅 주제는 뭘까?"

챗GPT가 직장생활 팁, 직업 관련 정보, 스킬 향상, 직장에서의 건강, 경제 및 금융을 쓸거리로 추천해주었습니다. 너무 일반적이고 범위가 넓어 가져올 만한 이야기를 찾기가 어렵네요. 그럴 때는 질문을 구체화해서 다시 물어보면 됩니다. 한 대화 목록에서는 맥락이 이어지고, 이전의 대화내용을 챗GPT가 기억하고 있기 때문에 구체화하고 좁혀가는 질문을 하는 것이 어렵지 않습니다.

"딱딱하지 않은 일상을 포함하면 어떨까?"
"직장생활과 관련된 주제로 더 추천해줄래?"

답을 보니 범위가 너무 넓거나 지나치게 딱딱한 느낌이어서 쓰고자 하는 글의 성격과 거리가 멀었습니다. 다시 구체적으로 질문을 해보았습니다.

"직장생활 그리고 일상이 버무러진 콘텐츠 추천해줄래?"

저는 이번 챗GPT와의 대화를 통해 막혀 있던 마음이 뻥 뚫리는 기분을 느꼈습니다. 너무 당연해서 글감으로 생각조차 해보지 않았던 블로그 포스팅 주제를 여러 개 발견할 수 있었거든요. 출근 전 아침 루틴부터 직장에서 휴식시간에 하는 일들, 주말을 보내는 법, 일상적인 도전과 직장에서의 성장에 관한 이야기 등이 그러했어요.

직장인이라면 너무 당연하게 일상적으로 생각하고 떠올리고 생활하는 주제인데요. 어떤 관점으로 바라보느냐에 따라 충분히 블로그에 쓸거리가 많다는 것을 깨달을 수 있었습니다.

초기 블로그는 아직 주제가 또렷하지 않아 질문하기 어려울 수도 있는데요. 그럴 땐 챗GPT에게 지금 내가 어떤 사람인지 설명을 하고 시작해보세요.

"나는 지금 어린 두 아이를 키우면서 일을 쉬고 있는 30대 여성이야. 지금은 일을 쉬고 있지만 아이들이 좀 더 크면 내 일을 찾고 싶어. 당장은 일을 할 수 있는 환경이 안 되지만 준비를 하고 싶어서 책도 읽고 블로그도 시작했어. 내가 쓸 수 있는 블로그 글감은 어떤 것들이 있을지 추천해줄래?"

다음 그림은 챗GPT가 들려준 답입니다.

당연한 일상을 새로운 시선으로 보게 되는 연습, 그 속에서 내 관심사와 블로그 글감을 찾는 일을 바로 해볼 수 있겠죠? 질문은 구체적이고 상세할수록 원하는 결과에 근접한 답을 보여줄 것입니다. 여러 번 질문하고 또 질문해보세요.

You

"나는 지금 어린 두 아이를 키우면서 일을 쉬고 있는 30대 여성이야. 지금은 일을 쉬고 있지만 아이들이 좀 더 크면 내 일을 찾고 싶어. 당장 일을 할 수 있는 환경이 안되지만 준비를 하고 싶어서 책도 읽고 블로그도 시작했어. 내가 쓸 수 있는 블로그 글감은 어떤 것들이 있을지 추천해줄래?"

ChatGPT

아이를 키우면서 블로그를 시작하려는 아이디어는 훌륭합니다. 다음은 아이를 키우면서 다룰 수 있는 블로그 주제 아이디어 몇 가지입니다:

1. **육아 경험 공유**: 자신의 육아 경험을 공유하고 다른 부모에게 도움이 될 수 있는 조언과 팁을 제공하세요. 육아에서 겪은 어려움과 성공 이야기를 공유해보세요.
2. **건강한 식사 및 레시피**: 아이들을 위한 건강한 식사에 관한 정보와 레시피를 제공하세요. 어떻게 아이들이 영양 균형을 유지하고 다양한 식품을 시도할 수 있는지 알려주는 글을 작성하세요.
3. **DIY 프로젝트와 활동**: 아이들과 함께 할 수 있는 DIY 프로젝트, 공예, 게임, 그리고 학습 활동 아이디어를 공유하세요.
4. **가족 여행과 레저 활동**: 아이들과 함께 즐길 수 있는 가족 여행 명소, 야외 활동, 레저 활동 등을 추천하고 여행 팁을 공유하세요.
5. **성장과 교육**: 아이들의 성장과 교육에 관한 정보, 학습 리소스, 그리고 독서 목록을 소개하세요.
6. **부모와 관계 및 가정 관리**: 가정에서의 균형 유지, 부모와의 관계 강화, 스트레스 관리, 자기 관리에 관한 글을 작성하세요.
7. **책 리뷰**: 아이들을 위한 책을 읽은 후 리뷰하고, 어린이용 도서 추천을 제공하세요.
8. **친환경 육아**: 지속가능한 생활과 친환경 육아에 관한 정보와 팁을 공유하세요.
9. **자기 계발 및 취미**: 아이들이 다른 활동을 할 때, 여가 시간을 활용하여 자신의 취미나 자기 계발 활동에 대한 경험을 나눠보세요.
10. **부모 커뮤니티 참여**: 부모들을 위한 온라인 커뮤니티, 모임, 이벤트 등을 소개하고 참여 경험을 공유하세요.

이러한 주제들 중에서 자신의 관심과 경험에 부합하는 주제를 선택하여 블로그 글을 작성하면 될 것입니다. 또한, 블로그를 운영하는 동안 독자들과 상호 작용하고 질문에 답하며 커뮤니티를 구축하는 것도 중요합니다.

3

카피라이팅이 어렵다면?
챗GPT로 끌리는 제목 짓기

리블로그 챌린지 과정 신청에 대한 공지글을 블로그에 띄웠습니다. 글을 발행하면서 가장 어려웠던 것은 역시나 제목이었어요. 사람들이 호기심을 가지고 클릭해볼 만한 제목이면서 의미는 구체적이고 명확해야 했어요. 글을 쓰는 것도 어려웠는데 제목을 결정하는 것은 가장 어려운 순간입니다.

리블챌린지 신청 안내
지속 가능한 블로그 글쓰기
블로그 루틴 만들기

단순하지만 직관적인 제목 후보로 지어봅니다. 글 속에는 블로그 글쓰기를 하겠다는 굳은 결심에 의지하지 말고, 실행할 수밖에 없는 환경을 만드는 것이 먼저라는 이야기가 핵심적으로 담겨 있었어요. 챌린지에 참여하면서 환경을 설정하고 블로그를 하는 사람들 속에서 소통하며 글쓰기 루틴을 잡아가자는 내용이었지요.

'블로그 꾸준히 하는 방법'

여러 후보 중 선택한 제목입니다. 어떤가요? 챌린지 모임에 대한 설명은 직관적이고 명확하지만 궁금증을 유발하거나 끌리는 제목은 아니었습니다. 제목 후보만 생각하면 도통 제목이 잘 풀리지 않습니다. 그럴 때 챗GPT를 활용한다면 새로운 아이디어를 얻을 수 있습니다. 챗GPT가 말하는 것을 그대로 하는 게 아니라, 아이디어를 위한 보조 도구로 활용하는 것이지요.

'+New Chat' 버튼으로 새로운 대화를 시작합니다. 블로그 제목에 대한 아이디어를 챗GPT에게 물어볼 것이므로 그 상황이나 배경을 설명하는 질문으로 시작합니다. 영어로 적었지만 한글로 적어도 상관이 없습니다.

"아래 블로그 글에 대해 제목을 써줄 수 있어?" (영어 내용)

> **You**
> could you write the title of below blog post?
>
> **ChatGPT**
> Of course, I'd be happy to help you come up with a title for your blog post. However, you haven't provided the content or topic of the blog post. Please provide some information or the main idea of the post so that I can suggest a suitable title for you.

챗GPT가 흔쾌히 알았다고 제목을 만들어줄 거라고 하네요. 그리고 블로그 본문 내용을 입력하지 않았으니, 블로그 내용에 대해 알려달라고 답이 왔습니다.

내가 쓴 블로그 본문 전체를 복사해 입력하고 '〉' 버튼을 눌러 전송합니다.

챗GPT가 단숨에 제목을 지어줍니다. 제목과 함께 슬로건도 요청했고, 그 후엔 한글로 바꿔달라고 했더니 한글로 잘 바꿔주었습니다.

• 제목 – 습관의 힘 발휘하기 : 환경이 성공을 결정짓는 비밀

ChatGPT
Certainly! Here's a title and a slogan for the blog post promotion:

Title: "Unlocking the Power of Habits: How Your Environment Shapes Your Success"

Slogan: "Discover the Secret to Consistent Growth and Fulfillment"

Feel free to use or modify these as needed for your blog post promotion.

You
한국어로 바꿔줄 수 있어?

ChatGPT
물론! 블로그 포스트 프로모션을 위한 제목과 슬로건을 한국어로 제공해 드리겠습니다:

제목: "습관의 힘 발휘하기: 환경이 성공을 결정짓는 비밀"

슬로건: "지속적인 성장과 만족을 위한 비밀을 발견하세요"

이것을 블로그 포스트 프로모션에 사용하거나 필요에 따라 수정하실 수 있습니다.

• 슬로건 – 지속적인 성장과 만족을 위한 비밀을 발견하세요.

챗GPT가 써준 제목을 그대로 사용하진 않았습니다. 다만 나와 다른 표현 방식에 힌트를 얻어 아래와 같이 제목을 바꿔볼 수 있었습니다.

'블로그 지속을 결정짓는 비밀, 리블챌린지'

완벽한 제목은 아니지만 '블로그 꾸준히 하는 방법'보다는 개선되었다고 느껴집니다. 어떠신가요? 챗GPT를 활용해서 제목을 지을 때 도움을 받아보세요. 마치 누군가와 아이디어를 주고받으며 대화하는 것처럼 느껴지지 않나요? 이처럼 블로그 제목을 쓸 때 챗GPT를 활용하고 힌트를 얻을 수 있습니다. 챗GPT가 한글보다는 영어에 최적화되어 있다 보니 문장이 어색하거나 문맥에 맞지 않을 수도 있다는 점은 유의하면 좋습니다.

4

읽히는 글을 쓰고 싶다면?
챗GPT를 활용한 포스팅 개요 작성법

술술 잘 읽히는 글을 쓰고 싶다면, 일단 글의 개요를 잡는 것이 중요합니다.

개요란 글의 뼈대라고 할 수 있어요. 기본적으로 개요는 잘 읽히는 글의 기초가 되며, 글을 쓰는 과정을 간소화하고, 내용의 질을 높여 궁극적으로 더 매력적이고 효과적인 글을 만드는데 기여합니다. 의식의 흐름대로 글을 쓰는 것보다 개요를 작성하고 글을 쓰면 매끄럽고 일관성 있는 블로그 글쓰기가 됩니다. 시간을 절약할 수도 있어요. 하고 싶은 말과 순서를 이미 알고 있기 때문에 더 효율적으로 글을 쓸 수 있습니다.

챗GPT를 활용해서 글감, 글의 주제를 찾았다면 어떤 흐름으로 블로그 포스팅을 작성할지 개요를 작성하는 것도 질문해볼게요.

"직장인의 식단관리에 대한 포스팅을 작성하려고 해. 3가지 소주제로 개요를 작성해줘."

직장인의 식단관리에 대한 포스팅을 작성하려고 해.
3가지 소주제로 개요를 작성해줘

 직장인의 식단관리에 대한 포스팅을 작성하는 데 좋은 아이디어입니다. 다음은 세 가지 서브주제를 포함한 개요입니다:

1. 규칙적인 식사 습관의 중요성

- 근로자들에게 규칙적인 식사 습관을 갖는 것이 왜 중요한지 설명.
- 아침 식사의 중요성과 건강에 미치는 영향에 대한 정보 제공.
- 미리 준비된 건강한 간식의 중요성 강조.

2. 오피스 환경에서의 건강한 식사 전략

- 사무실에서 식사하는 동안 건강한 선택을 하는 방법 소개.
- 오피스 주변에서 건강한 음식 옵션을 찾는 방법에 대한 조언 제공.
- 식사 시간에 정신적인 피로와 스트레스를 관리하는 방법 강조.

3. 식사 계획 및 사전 준비

- 주간 식사 계획을 작성하여 식사 관리의 용이성을 강조.
- 사전에 음식을 준비하고 가져가는 것의 혜택 설명.
- 오피스에서 건강한 간식을 갖추는 방법에 대한 팁 제공.

각 서브 주제를 자세히 다루고 관련 정보, 조언 및 실제 실천 전략을 제공하여 직장인들이 더 건강하고 규칙적인 식사 습관을 갖도록 돕는 포스팅을 작성할 수 있을 것입니다.

챗GPT를 활용할 때는 명확하고 구체적으로 질문하는 것이 중요합니다.

하나의 포스팅에 많은 내용이 있는 것보다는, 핵심키워드 1가지에 2~3가지 연관 있는 내용이 들어가면 글의 가독성과 신뢰를 높일 수 있기 때문에 '3가지 소주제로 개요를 작성해줘'라고 구체적으로 질문합니다.

5

어떻게 쓸지 막막하다면?
챗GPT로 블로그 포스팅 작성하기

본격적으로 챗GPT를 활용해서 블로그 포스팅을 하기 전에 꼭 기억해야 할 것이 있습니다.

챗GPT를 도구일 뿐 전적으로 의지하지 마세요. 대화형 인공지능 서비스인 챗GPT는 인터넷, 책, 기타 여러 자료에서 추출한 방대한 양의 텍스트 데이터를 기반으로 사용자의 질문에 답을 생성합니다. 챗GPT가 작성해준 답을 그대로 블로그에 복사해서 붙여 넣는다면 유사 문서나 저작권 등의 문제가 생겨 블로그 저품질이 될 수도 있어요.

그냥 복사하는 것이 아니라 나만의 방식으로 챗GPT를 활용해야 합니다. 다음 예를 보면서 챗GPT를 활용한 블로그 포스팅 작성을 해보세요.

질문할 때 명확한 주제와 구체적인 글자수를 제시하기

[질문]

건강을 위한 식습관에 대한 블로그 포스팅을 작성하려고 해. 아래 소주제로 구성된 블로그 포스팅을 1,000자 이내로 작성해줘.

1. 야채를 왜 많이 먹어야 할까

2. 건강하고 맛있게 야채를 먹는 방법

챗GPT 답변을 나의 문체로 바꾸기

챗GPT는 존댓말을 기본으로 제공하는 서비스입니다. 그대로 복사해서 붙여 넣으면 어색하고 내 글이 아닌 느낌이 듭니다. 챗GPT의 답변은 참고만 하고, 내 블로그 문체에 맞게 바꿔보세요.

[챗GPT 답변]

1. 야채를 왜 많이 먹어야 할까

야채는 우리 몸에 다양한 이점을 제공합니다. 먹는 이유는 다음과 같습니다.

- 영양소 공급 : 야채는 비타민, 미네랄, 식이섬유 및 항산화물질을 풍부하게 함유하고 있어 몸에 필요한 영양소를 제공합니다. 예를 들어, 당근은 비타민 A의 좋은 원천이며, 시금치는 철분을 제공합니다.
- 체중 관리 : 야채는 낮은 열량과 높은 식이섬유 함량으로 포만감을 주며, 체중을 관리하는데 도움이 됩니다.
- 심장 건강 : 식이섬유와 항산화물질은 심장 건강을 촉진하고 고혈압, 고콜레스테롤을 관리하는데 도움이 됩니다.
- 소화 건강 : 식이섬유는 소화 건강을 촉진하며 변비를 예방합니다.

[내 블로그에 적용하기]

야채는 우리 몸에 필요한 영양소를 풍부하게 포함하고 있어요. 비타민, 미네랄, 식이섬유 등이 풍부하여 면역력 강화, 소화 개선, 심장 건강에도 좋기 때문에 야채를 많이 먹어야 합니다. 그런데, 우리 가족은 왜 야채를 싫어할까요?

나의 경험, 사례를 덧붙이기

블로그는 전문지식이나 정보보다 개인의 경험과 생각을 담는 것이 더 중요합니다. 챗GPT를 활용해서 글감과 정보를 얻었다면 그것에 맞는 나의 경험과 생각을 기록해야 합니다.

[챗GPT 답변]

2. 건강하고 맛있게 야채를 먹는 방법

야채를 더 많이 먹기 위한 몇 가지 방법은 다음과 같습니다.

- 다양한 요리법 시도 : 다양한 방식으로 야채를 조리해보세요. 익힌 야채, 볶은 야채, 로스트 야채, 그릴 야채 등 다양한 조리법을 시도해보면 맛을 더욱 즐길 수 있습니다.
- 야채를 간식으로 활용 : 당근, 오이, 파프리카 등 신선한 야채를 소스와 함께 간식으로 먹을 수 있습니다.
- 스무디에 포함 : 야채를 스무디에 추가하여 맛을 개선하고 영양소를 풍부하게 섭취하세요.
- 식사 계획 수립 : 주간 식사 계획을 세우고 야채를 포함한 다양한 식사를 준비해두세요. 이렇게 하면 먹을 때 편리하고 건강한 식사를 할 수 있습니다.

[내 블로그에 적용하기]

다음 그림은 야채를 맛있게 먹는 법에 대해 어글리어스에서 신선한 야채를 구입, 식단 레시피를 공유한 포스팅입니다.

우리는 이미 AI와 함께 살아가고 있습니다. 피하고 싶다고 피할 수 있는 것이 아니라 우리의 현실이자 미래입니다. 챗GPT을 현명하게 활용하면 블로그 운영에 많은 도움을 받을 수 있습니다.

포스팅은 해야 하는데 뭘 써야 할지 모를 때, 하얀 화면에 커서만 깜박거리고 첫 줄을 어떤 말로 시작해야 할지 막막할 때, 챗GPT를 글쓰기의 마중물로 이용한다면 블로그 글쓰기의 든든한 친구가 될 것입니다.

블로거가 꼭 알아야 할 질문 10가지

질문 1

글도 못 쓰는데, 블로그 시작해도 될까요?

"저는 글을 잘 못 쓴다는 콤플렉스가 있어요. 뭔가 기록하고 싶고 나중엔 책도 쓰고 싶은 꿈이 있는데 '글을 못 쓴다'는 생각이 자꾸 제 발목을 잡아요. 이런 제가 블로그를 할 수 있을지 고민이 됩니다."

리블로그 정규과정을 신청하기 전에 개인적인 고민이 있다며 따로 연락을 해온 분이 있었어요. 블로그에서 댓글과 대댓글을 길게 이어가며, 글쓰기에 대한 두려움과 기록하고 싶은 욕망 사이에서 흔들리는 그분에게 손을 내밀었던 기억이 납니다.

우리가 글쓰기를 주저하게 되는 이유는 뭔가 괜찮은 글을 써야 할 것 같기 때문이에요. 이 글을 쓰고 있는 저 역시 이런 생각에서 자유롭지 못한 경우가 많은데요. 글을 잘 써야 한다는 생각에 사로잡히다 보면 쓰는 것 자체가 힘들어요.

각 분야에서 성공한 사람들의 이야기를 담은 책 『타이탄의 도구들』 (토네이도, 2022)에는 유독 글쓰기에 대해 강조하는 이야기가 많이 나옵니다. 그중에서 이 문장이 기억에 남습니다.

"막상 글을 쓰기 시작하면 아무런 생각도 나지 않는다. 하지만 글을 먼저 쓰기 시작하면 생각이 거기서 나온다. 큰 깨달음이었다."

처음부터 글을 잘 쓰는 사람은 없습니다. 글쓰기를 안 하던 사람이 하루아침에 글로 나의 경험과 생각을 표현하는 것은 어려운 일입니다. 우리가 지금껏 보았던 글들은 전문가가 쓴 글이 많았어요. 신문기사나 매거진, 책들 모두 글을 꾸준히 써왔고 글쓰기를 직업으로 한 사람들의 글이었어요.

그런 글과 이제 막 글쓰기를 시작한 나의 글을 비교해서는 안 됩니다. 글을 쓰려고 하는데 아무 생각이 나지 않는다면, '글을 쓰기 위해 블로그를 열었는데 무슨 이야기를 써야 할지 모르겠어요'라고 먼저 적어보세요. 그렇게 첫 문장을 시작하면 놀랍게도 머릿속에 엉켜 있던 생각들이 글로 입력되기 시작할 거예요.

작가를 만드는 건 문장력이 아니라 어떻게든 쓰고자 하는 '의지'라는 말이 있습니다. 더군다나 블로그는 전문 작가들이 쓰는 글이 아니에요. 글쓰기에 익숙하지 않아도 괜찮아요! 블로그를 시작해보고 싶다. 무엇이든 기록하고 싶다는 그 마음이면 충분합니다.

저도 블로그를 개설하고 처음 쓴 글이 5줄이었어요. 사실 이것도 그 당시에는 엄청나게 공들여서 썼던 글이라고 고백합니다. 처음에는 몇 줄 되지 않는 짧은 글로도 충분해요. 하루, 이틀 그리고 일주일 동안 글 쓰기를 계속했을 때 조금씩 달라지는 성과가 나타날 거예요.

하루 이틀이 쌓여 한 달이 되고, 두 달이 되고, 1년이 지났을 땐 그 짧은 글조차 쓰지 않았던 사람보다 훨씬 더 멋지고 풍요로운 글을 쓰고 있을 거라고 믿어요.

질문 2

독서나 운동 인증 등 이렇게 계속해도 되나요?

나만 보는 포스팅, 나를 위한 포스팅도 괜찮습니다.

대신 현상과 사실만 담는 것보다 내 생각을 듬뿍 담는다면? 나를 깊이 알아갈 수 있는 글도 되고, 누군가에게 공감을 불러일으킬 수 있는 글도 될 것입니다.

인증 글에 대한 관점을 바꾸어서, 나에게도 의미 있고 다른 사람에게도 도움이 되는 글이라고 생각해보세요.

하지만 '새벽기상 25일차. 오늘의 식단기록' 이렇게 기록하는 인증 글은 이제 그만하세요. 인증 글을 현명하게 기록하는 방법을 알려드릴게요.

❶ 나만의 과정 담기

인증 글에도 '나'라는 사람을 담아낼 수 있어요. 예를 들어, 다이어트 식단, 운동 인증 글이라면 내가 왜 다이어트를 하는지 나만의 이유를 이야기해보세요.

'아이를 낳고 찐 살이 빠지지 않아요. 살이 찌니까 조금만 움직여도 숨이 차고 자존감이 떨어집니다. 아이를 등원시키고 나만의 시간에 운동을 시작하게 되었어요.'

'가족력으로 당뇨와 고혈압이 있어요. 나는 젊으니까 괜찮겠지라고 안일하게 생각했었어요. 최근 건강검진 결과에서 재검을 받아보자는 결과와 관리를 해야 한다는 의사선생님 말씀을 들으니 정신이 확 차려집니다. 건강하게 살기 위해서 다이어트를 시작합니다.'

각자 여러 가지 이유로 새벽기상이나 운동을 시작했을 거예요. 단순히 인증 글만 올리는 것이 아니라 나만의 시작 이유를 적어보세요. 공감하는 사람이 늘어나면서 응원하는 이웃들도 늘어날 거예요.

또한, 과정에는 순조로운 경험만 있는 것은 아니죠. 위기가 생겼을 때 어떻게 해결해나가고 있는지, 혹은 위기상황에 조언을 구하는 글도 좋아요. 모두 소중한 나의 과정이 됩니다.

❷ 나와 독자를 위한 정보 담기

직접 겪었던 경험들과 과정에 필요한 정보를 함께 기록하는 것이 좋습니다.

달리기 인증을 하는 중이라면 달리기 할 때 주의할 점, 달리기 신발 추천, 달리기 어플 추천 등 실제로 사용하거나 참고하는 것들을 기록합니다.

다이어트 인증을 하는 중이라면 밀프랩 하는 법, 다이어트 어플 추천, 다이어트 식단 추천 등 적을 수 있는 것들이 어마무시하게 많아요.

이렇게 하면 나의 기록이기도 하지만, 다른 사람들에게도 도움이 되는 포스팅이 됩니다. 나를 위한 기록이 우리를 위한 기록이 된다면 블로그에서 롱런 할 수 있는 강력한 무기가 될 것입니다.

블로그 사진은 어떤 걸 올려야 할까요?

"사진첩에는 아이들 사진, 음식 사진밖에 없어요. 블로그는 글뿐 아니라 사진으로 일상과 생각을 기록한다는데, 올릴 사진이 없어요."

"네이버 블로그 글감에 있는 무료 사진을 올리면 되나요?"

이런 질문을 많이 받습니다. 그런데 블로그에 올릴 사진은 글감 사진보다 내가 찍은 사진이 훨씬 좋습니다.

네이버가 좋아하는 글쓰기

네이버 검색이 생각하는 좋은 문서를 설명하겠습니다. 네이버는 다음과 같은 문서들이 검색결과에 잘 노출되어, 사용자는 검색결과에 유용한 정보를 얻고 콘텐츠 생산자는 노력에 합당한 관심을 받을 수 있도록 하기 위해 노력하고 있습니다.

1. 신뢰할 수 있는 정보를 기반으로 작성한 문서

2. 물품이나 장소 등에 대해 본인이 직접 경험하여 작성한 후기 문서

3. 다른 문서를 복사하거나 짜깁기 하지 않고 독자적인 정보로서의 가치를 가진 문서

4. 해당 주제에 대해 도움이 될 만한 충분한 길이의 정보와 분석내용을 포함한 문서

5. 읽는 사람이 북마크 하고 싶고 친구에게 공유/추천하고 싶은 문서

6. 네이버 랭킹 로직을 생각하며 작성한 것이 아닌 글을 읽는 사람을 생각하며 작성한 문서

7. 글을 읽는 사용자가 쉽게 이해할 수 있게 작성한 문서

– 출처 : 네이버 공식블로그

2번을 보면, 본인이 직접 경험하여 작성한 후기 문서라고 나와 있어요. 즉, 블로그 글감(사진)이나 핀터레스트에서 찾을 수 있는 무료 사진들이 멋있지만, 네이버가 좋아하고 신뢰하는 사진은 창작자가 직접 찍은 사진입니다.

직접 경험하여 작성한 글과 사진을 보면 신뢰도가 높아질 뿐 아니라 새로운 사진들이 블로그 문서에 쌓입니다. 네이버 역시 다양한 정보를 모으고 사용자에게 제공할 수 있으므로 당연히 좋아하겠죠?

책 사진을 찍더라도 책만 나온 사진보다는 책을 들고 있는 내 손이 조금이라도 들어가 있는 사진이 좋아요. 컵 사진도 컵만 찍는 것보다

컵을 들고 있는 손이 함께 나온 사진이 더 좋습니다. 얼굴 노출이 부담스럽다면 발사진, 뒷모습, 옆모습, 그림자 실루엣 사진처럼 얼굴 노출 없이 나를 드러내면 됩니다. 멋진 장소에 갔다면 동행한 사람에게 뒷모습 사진을 찍어달라고 부탁하는 것도 방법입니다.

　네이버는 사진도 분석합니다. 닉네임으로 검색했을 때 사람인지, 사물이나 장소인지를 판단하는 기준이 사진이 되기도 합니다. 내 블로그에 나를 드러내는 사진이 많아질수록 네이버도 '나'를 사람으로 인지하게 되고, 이미지 검색과 사람 검색으로 노출되는 효과가 있습니다.

　지금 이 책을 읽고 있는 모습도 한번 찍어볼까요? 사진을 들고 있는 내 손가락이 보이도록 찍어보세요. 책을 들고 서서 발까지 나오도록 사진을 찍어보는 것도 재미있겠죠?

　나의 개성이 드러나는 사진, 오늘부터 시작해봐요.

질문 4

내가 뭐라고, 이런 글을 써도 될까요?

"저보다 잘하는 사람이 많은데, 제가 글을 써도 될까요?"

전문가, 전문 용어는 어감도 어렵고 내 것이 아닌 것 같습니다. 누구나 쉽게 가질 수 없는 중요하고 대단한 것처럼 느껴지기도 하지요. 그런데 블로그에서 이야기하는 전문성은 우리가 지금까지 알고 있는 전문성과는 조금 다릅니다.

하루는 첫아이가 다니던 초등학교에서 녹색어머니 활동으로 교통봉사를 하고 있었습니다. 등원길에 아이를 데려다주던 어머님 한 분이, 저를 보시더니 뜬금없이 고맙다는 말씀을 하셨습니다. 어떤 일인지 여쭈어보았더니, 네이버 검색창에 지역 문화재 검색을 하며 제 블로그를 보게 되었다고 합니다. 같은 학교 다니는 아이의 학부모여서 제 포스팅에 있는 정보가 더 믿음이 갔다고 합니다. 그리고 포스팅에 있는 유적지 즐기는 방법대로 아이와 함께 재미있게 다녀왔다고 했습니다.

또 한번은 코로나로 인해 간이 키트를 매일 쓰던 시절, 초등학생을 위한 코로나 간이 키트 사용법을 포스팅으로 남긴 적이 있습니다. 모든 사람 말고 우리집 아이처럼 코로나 검사가 힘든 아이를 위해 부모님들에게 도움이 되고자 남겼던 포스팅이었습니다. 그런데 이번에는 앞집에 사는 분이 블로그를 보고 도움을 받았다는 이야기를 해주었습니다.

아이와의 유적지 방문, 코로나 간이 키트 사용법에 대해 더 전문적으로 포스팅하여 정보를 주는 블로거들은 많습니다. 그럼에도 불구하고 실제로 일상에서 도움을 받는 건 상황이 비슷한 사람의 이야기입니다. 아이가 아플 때, 제일 먼저 전화해서 도움을 구할 수 있는 사람은 오은영 박사님이 아닙니다. 바로 앞집 혹은 옆집에 살고 있는 나와 비슷한 또래의 아이를 키우고 있는 지인에게 물어보고 도움을 청합니다. 오은영 박사님의 영상을 찾아서 볼 수 있지만, 그것을 내 일상에 접목시키기까지는 시간이 오래 걸립니다.

사람마다 사는 환경이 다르고, 경험이 다릅니다. 그래서 모든 사람의 상황에 대한 평균적인 전문가의 의견보다는, 오히려 나와 비슷한 조건을 갖춘 사람의 경험에서 나온 이야기가 더 잘 이해되고 바로 적용할 수 있습니다. 그래서 전문가의 의견도 중요하지만, 나와 비슷한 환경의 사람이 써준 글을 더 신뢰하고 믿습니다. 이것이 블로그 글쓰기의 틈새 전략입니다.

질문 5

인플루언서를 보면 자꾸만 작아져요

블로그를 막 시작한 분들이 글쓰기를 힘들어하는 이유 중 하나가 인플루언서를 보고 위축되는 '내가 뭐라고'입니다.

처음에는 책에서 본 대로 혹은 블로그 이웃들을 보며 내가 쓸 수 있는 주제로 글을 열심히 씁니다. 그런데 꾸준히 써도 방문자가 별로 없고, 댓글 소통도 없어서 같은 주제로 글을 쓴 다른 분들의 포스팅을 검색해봅니다.

검색된 수많은 포스팅 중 첫 페이지에 있는 블로거들의 공감과 댓글을 보니 꿈의 숫자입니다. 이런 인플루언서들의 글을 여러 편 읽다 보면 내 블로그의 글이 초라하게 느껴지고 부끄러워집니다. 결국 이렇게 잘 쓰는 사람들이 많은데 '내가 뭐라고'라는 생각이 들고, 처음 블로그를 시작한 이유를 잊어버리면서 멈추게 됩니다.

많은 사람들은 인플루언서의 영향력이 커서 그들이 쓴 포스팅만 본다고 생각합니다. 그런데 그렇지 않습니다. 인플루언서가 쓴 포스팅도 찾아서 보겠지만, 나보다 조금 앞서 경험한 사람이 전하는 쉽고 유용한 정보에 더 많은 관심을 가집니다.

얼마 전 같은 아파트에 사는 지인의 아이가 아프다는 연락이 왔습니다. 아이의 증상을 듣고 육아 인플루언서가 쓴 포스팅과 제가 직접 쓴 포스팅을 함께 보내드렸습니다. 지인은 두 편의 글을 모두 읽었다고 합니다. 그래서 두 개의 포스팅 중 어느 것이 직접적으로 도움이 되었는지 무척 궁금해졌습니다. 지인은 육아 인플루언서가 쓴 내용도 도움이 되었지만, 근처에 바로 찾아갈 수 있는 병원과 약국 정보가 있는 제 포스팅이 훨씬 도움이 되었다고 합니다.

가까운 지인과의 이야기에서 알아차렸듯이, 사람들은 인플루언서가 쓴 내용보다 나와 비슷한 사람이 전해주는 쉽고 친근한 정보에 더 관심을 갖고 도움을 받습니다.

내가 사는 지역의 정보를 얻기 위해서는 지역 정보를 주는 블로거를 찾아야 하는 것처럼, 인플루언서는 평균적인 정보는 줄 수 있지만 세밀한 정보는 줄 수 없습니다.

아직도 '내가 뭐라고'라는 생각이 지워지지 않는다면, 다른 방법을 말씀드리고 싶습니다.

SNS 활동이 활발한 요즘, 많은 사람이 인플루언서에 관심이 많습니다. 영향력과 협찬 등 여러 이유로 인플루언서가 되고 싶어서 도전하지요.

그런데 인플루언서가 어떤 과정으로 그 자리까지 올라갔는지, 시작점을 찾아보는 사람은 드뭅니다. 인플루언서도 과거에 평범한 블로거로 자신만의 콘텐츠를 찾기 위해 노력했던 시작점이 있습니다. 이 시작점은 우리의 시작과 크게 다르지 않습니다. 초보 블로거였던 0에서 지금까지, 자신의 경험과 생각을 멈추지 않고 기록으로 남겼기 때문에 성장할 수 있었습니다.

내가 닮고 싶거나 좋아하는 인플루언서를 보며 '내가 뭐라고' 작아지지 말고, '나도 저렇게 되고 싶다' 욕망하세요. 그들의 시작점과 지금까지의 과정을 찾아보세요.

블로그 글쓰기를 하는 누구나 0에서 시작하는 시작점이 있습니다. 시간이 걸릴 뿐 멈추지만 않는다면, 당신도 누군가가 소망하는 존재가 될 수 있습니다.

질문 6

공들여 썼는데 왜 보는 사람이 없을까요?

공들여 쓴 포스팅에 독자의 유입이 없는 경우엔 원인을 생각해봐야 합니다.

블로그 하는 많은 분들이 인지하지 못하는 것 중 하나가 시작점입니다. 블로그 시작점이 모두 달라서 같은 글을 써도 유입이 다릅니다.

내 글로의 유입에 대해 궁금한 분들을 위해 내 블로그 시작점을 기준으로 원인과 해결법을 체크해보겠습니다. (기준을 네이버 시작점으로 잡은 것은 블로그 연수(횟수, 나이)에 따라 블로그 지수가 다르기 때문입니다.)

블로그 시작한 지 얼마 안 된 경우

블로그 시작점이 얼마 되지 않았다면 당연히 사람들이 몰라서 찾아올 수 없습니다. 매일 새로 생성되는 블로그가 1천 개 가까이 됩니다. 그 많은 블로그 중에서 내 블로그를 찾기란 하늘의 별따기입니다. 주제가 확실하다면 포스팅이 빠르게 노출될 수도 있지만, 주제가 확실하지 않을 경우 더욱 노출이 어렵겠죠?

시작한 지 얼마 되지 않았다면 포스팅을 쌓는 것이 우선입니다. 포스팅이 누적되면 어떤 주제가 인기 있는지 알 수 있습니다. 블로그 방향이 정해지지 않은 상태라면 어떤 글인지 제목에 드러내는 것이 좋습니다.

블로그 개설한 지 오래된 경우

인스타의 경우 오래 멈춘 계정을 다시 시작하는 것보다 계정을 새롭게 만드는 것을 추천합니다. 반면에 블로그의 경우, 새로 개설하는 것도 좋지만 이미 개설된 블로그가 있다면 (저품질 블로그를 제외하고) 기존의 블로그를 사용하길 권합니다.

현재 사용하는 블로그가 저품질인지 확인하는 방법은, 포스팅 제목 하나를 그대로 복사해 네이버 검색창에 붙여넣었을 때 검색되는지 여부입니다. 검색되지 않는다면 저품질일 가능성이 높습니다.

그럴 경우 지금 사용하는 블로그는 개인의 기록용으로 사용하고, 다른 사람들과 소통하며 정보를 공유할 목적이라면 새로 개설해야 합니다.

저품질 블로그가 아닌데도, 공들여 쓴 포스팅으로 블로그에 유입이 안 될 경우에는 제목을 먼저 체크합니다.

제목은 사람들을 내 블로그와 연결해주는 연결고리 역할을 합니다. 글을 잘 써도 읽는 사람이 없다면 무용지물이 되는 것처럼, 좋은 내용만큼이나 블로그 제목 짓기가 매우 중요합니다. 포스팅 제목을 지을 때 고려할 점이 많습니다. 그중 검색 노출을 위한 키워드를 넣은 제목, 클릭을 부르는 제목(호기심을 자아내거나, 나의 스토리를 담는 유형)을 고려해서 짓는 것을 추천합니다.

네이버는 검색 기반의 플랫폼으로, 독자가 녹색창에 주로 검색하는 단어를 키워드라고 합니다. 블로그 포스팅과 제목에 독자가 검색하는 특정 키워드가 포함되어 있으면, 독자와 연결될 수 있습니다. 잊지 마세요. 내 블로그로 독자를 모시고 오는 방법 중 하나는 검색 키워드를 제목과 본문에 넣어서 발행하기입니다.

블로그 시작점을 기준으로 포스팅과 독자가 연결되는 방법을 알아보았습니다. 이외에도 포스팅에 지도, 장소, 글감을 첨부하여 독자들과 연결될 수 있습니다. 찾아오지 않는다고 속상해 하지만 말고, 찾아올 수 있도록 여러 장치를 블로그에 설치해보세요.

질문 7

내 이야기가 자랑처럼 느껴지면 어쩌죠?

〈어벤져스 인피니트 워〉, 〈해운대〉, 〈부산행〉 등 많은 사람들에게 사랑받았던 영화에는 공식이 있습니다. 사연이 있는 악역이 있고, 이들이 만들어내는 갈등 상황을 시작으로 스토리가 전개됩니다. 악역으로 인해 힘든 상황과 고난이 생기고 주인공이 문제를 해결하면서 결국 해피엔딩으로 끝나는데요. 아무도 주인공이 얻어 낸 행복을 자랑한다고 느끼지 않습니다.

얼마 전에 세계 행복지수 1위인 핀란드가 배경인 영화 〈카모메 식당〉을 보았습니다. 여주인공이 각자의 사연이 있는 주변인들과 함께, 핀란드 어느 마을에 식당을 차리고 기존에 살고 있던 지역주민들 속으로 서서히 자리잡는 과정을 담은 영화입니다. 주인공들이 식당 안에서 음식을 만들며 서로 마주보고 웃는 모습으로 영화는 끝납니다. 현실에 실존하지 않는 식당임을 알면서도 영화의 중심이 되었던 카모메 식당이 잘되기를 응원했습니다.

우리는 영화를 보고 결국 주인공을 응원하게 되는데요. 그 이유가 무엇일까요? 바로 스토리텔링 때문입니다. 모든 영화는 시나리오를 바탕으로 제작됩니다. 시나리오는 대부분 영화만의 플롯(구조)을 가지고 있습니다. 시간 순서대로 주인공에게 벌어지는 사건, 심리적 갈등, 문제해결 과정을 통해 관객들은 공감하며 이야기에 몰입합니다.

주인공들을 질투가 아닌 응원하게 되는 이유는 처음부터 결말까지 주인공의 여러 고난 과정을 스토리텔링으로 봤기 때문입니다.

다시 블로그 이야기로 돌아와서, 자랑처럼 느껴지는 포스팅을 자세히 보면 대부분 과정 없이 결과만 보여지는 경우가 많습니다. 소통을 위한 포스팅이 되기 위해서는 독자들의 공감이 필요합니다.

영화에서 주인공의 고난이 그대로 드러나기 때문에 공감하는 것처럼, 블로그 포스팅도 정보와 관련된 경험과 생각을 공유한다면 비슷한 경험을 한 사람들과 소통할 가능성이 높아집니다. 그러면 검색한 정보가 만족스럽지 못하더라도, 그 결과가 나오기까지의 과정에 큰 매력을 느껴 이웃추가까지 이어지는 경우가 많습니다.

자랑한다고 오해하는 사람들과 오래 갈 수 없지만, 피할 수만도 없는 상황이지요. 지금 진행하고 있는 것에 대한 성공, 실패에 대한 과정과 생각을 꾸준히 공유한다면 독자들과 소통하는 것은 물론 응원까지 받을 수 있습니다. 실패와 내 생각에 대한 기록은 절대로 부끄러운 것이 아닙니다.

내가 아는 정보를 인심 좋게 퍼주기

가끔 나만 알고 싶은 장소들이 있습니다. 이럴 때는 어떻게 하시나요?

친한 지인 두 분이 같은 곳을 다녀와서 각각 포스팅을 했습니다. 그런데 A는 조회수가 꽉꽉 올라가는 반면에, B는 조회수가 적었습니다. 같은 곳을 다녀오고 난 뒤, 비슷한 시기에 포스팅을 한 것인데요. 왜 한 분은 댓글도 많이 달리고 공감수도 많은 반면, 다른 한 분은 아는 이웃들이 방문해서 공감만 누르는 상황이 되었을까요?

두 분의 포스팅에는 미세한 차이점이 있었습니다.

안타깝게도 B의 경우, 여행을 다녀와서 자랑한다는 느낌이 드는 포스팅이었기 때문입니다. 사진도 감각적으로 잘 찍고 포스팅도 매우 매력적이었지만, 독자에게 필요한 여행 정보는 하나도 없었습니다. 온전히 내 아이와 함께한 사진뿐이었죠. 이곳에 가면 우리 아이도 이렇게 사진을 찍을 수 있겠다는 생각에 포스팅을 처음부터 끝까지 읽지만 그 어디에도 그런 정보가 없습니다.

'뭐야, 자기 아이가 예쁘다고 자랑하는 건가?'

반면에 공감도 많고 댓글도 많았던 A는 사진을 잘 찍지도 못하고 문장력도 뛰어나지 않습니다. 그래도 인기가 많았던 것은 제목부터 이곳이 어디인지 정보를 퍼줍니다. 심지어 이런 것까지? 생각할 정도로 정보를 마구 퍼줍니다. 사진이야 핸드폰으로 찍으면 되는 것이지만, 장소에 대한 정보가 친절하게 나와 있어서 필요한 준비물도 미리 챙길 수 있습니다. 그래서 사람들은 A의 블로그를 이웃추가하고 계속 보게 됩니다.

그곳을 나만 알고 있다고 생각하지만, 세상에는 내가 알고 있는 것보다 더 많이 알고 있는 블로거들이 많아요. 꽁꽁 숨긴다고 숨겨지는 정보였다면 나도 몰랐겠죠.

그래서 먼저 다녀온 사람의 입장에서 앞으로 갈 누군가에게 도움이 되었으면 하는 마음으로 모두 알려줘야 합니다. 알려준 만큼 없어지는 것이 아니라 다시 돌아올 거예요.

독자에게 자랑처럼 느껴지지 않으려면, 결과만 보여주지 말고 실패와 성공하는 과정을 함께 공유하고, 정보를 마구마구 퍼주는 포스팅 쓰기를 해보세요.

질문 8

내가 쓴 글은 밋밋하고 안 예뻐요

"어떤 효과를 줘야 눈에 잘 들어오면서 글도 잘 읽히죠?"

포스팅이 예쁘게 보였으면 하는 마음에 폰트색과 배경색을 다양하게 조합해서 넣습니다. 그런데 화장할 때도 색조보다 베이스 메이크업이 중요한 것처럼 글도 마찬가지입니다.

색을 넣기 전에 폰트 설정과 글 정렬에 신경쓴다면 글이 매력적으로 바뀔 수 있어요. 폰트 설정만 바꾸어도 독자가 읽을 때 편안하고 가독성까지 잡을 수 있습니다.

그 꿀팁을 지금부터 낱낱이 알려드릴게요.

비밀은 폰트와 폰트 컬러, 줄간격 그리고 정렬에 있습니다. 블로그에는 더 예쁜 고딕체 폰트와 더 예쁜 명조체 폰트가 있어요. 고딕체, 명조체 선택은 블로그를 운영하는 나의 취향에 따릅니다. 사람에 따라 글의 주제에 따라 반듯하고 정돈된 느낌의 고딕체를 선호하기도 하고, 부드럽고 정갈한 명조체를 선호하기도 합니다.

고딕체를 사용한다면 기본 폰트 대신 '나눔스퀘어' 폰트를 추천해요. 폰트의 매무새가 단정하여 깔끔한 느낌을 줍니다. 명조체를 사용한다면 '마루부리' 폰트가 좋습니다. 기본 명조체보다 부드럽고 예쁜 폰트입니다.

그 외에 바른히피, 우리딸손글씨처럼 필기체로 귀여운 폰트가 있습니다. 이 폰트는 글에서 일부분만 포인트가 되는 문장에 사용하는 것이 좋습니다. 포스팅 전체를 필기체의 귀여운 폰트로 설정하고 발행하면 독자 입장에서 눈이 어지럽고 읽기 불편합니다. 내가 보기에 예쁜 것도 좋지만 독자가 보기에 편안해야 매력적으로 다가갈 수 있습니다.

폰트 크기는 16 또는 15 중에서 내가 편안한 크기로 선택하면 되는데요. 대개 블로그를 운영하는 사람과 독자의 연령이 50대 이상라면 큰 폰트를 선호하고, 30대 이하라면 작은 폰트인 15를 선호하는 경향이 있습니다. 그러나 정답은 없으니 참고만 하세요.

폰트 종류와 크기 말고도 중요한 요소가 있는데, 바로 검정 기본 폰트의 색상과 줄간격, 정렬입니다.

글을 쓸 때 기본 색상은 검정색이 좋은데, 이때 RGB코드의 까만 검정색(#000000)보다는 진한 회색(#333333) 또는 옅은 회색(#555555)으로 설정하세요. 글이 빼곡할 때 모든 글이 진한 검정색이면 읽는 사람이 피로감을 느끼기 쉽습니다. 취향에 따라 진한 회색이나 옅은 회색으로 기본 색상을 정해두고, 강조하고 싶은 내용 일부분에만 색을 더 넣는 것이 글이 예뻐 보이는 비결 중 하나입니다.

줄간격은 180% 또는 200%를 추천합니다. 문장과 아래 문장 사이의 간격 설정을 의미하며 이 숫자가 커질수록 간격이 넓어지는 것을 의미합니다. 글이 긴데 빼곡한 느낌이 들지 않는다면 바로 줄간격에 비밀이 있습니다. 줄간격은 좁은 것보다 넓은 것이 좋습니다.

마지막으로, 많은 사람들이 신경쓰지 않는 정렬입니다. 왼쪽 정렬로 되어 있다면 양끝 정렬로 바꾸어보세요. 문단의 시작뿐 아니라 오른쪽 끝이 보기 좋게 맞추어져서 전체적으로 포스팅이 예뻐 보이는 효과가 있습니다.

질문 9

블로그 주제, 꼭 하나로만 써야 하나요?

블로그를 시작하면 주제를 대략적으로라도 잡게 됩니다.

책 리뷰, 육아 일기, 부동산 투자, 나만의 전문성이 드러나는 글 등 각자의 관심사와 하는 일, 앞으로 가고 싶은 길과 관련해서 주제를 잡게 됩니다.

의욕적으로 시작하게 되지요. 그렇게 글을 집중해서 쓰다 보면 고민이 생기기 시작합니다. 글감도 떨어지고 잘 쓰려고 하니 더 안 써지고, 집중해서 포스팅을 하려고 마음먹으면 글쓰기가 더 어려워집니다.

"내 블로그 주제가 부동산 투자인데, 아이와의 일을 써도 될까요?"

"책 리뷰를 주제로 삼고 있는데, 강의 후기를 남겨도 괜찮나요?"

"네! 괜찮아요. 얼마든지 써도 됩니다"라고 항상 같은 답을 드렸습니다.

특히 시작단계라면 주제를 잡는 것보다 글쓰기에 익숙해지고 글의 개수를 쌓아보는 경험이 더 중요하기 때문입니다. 시작 단계인 분들에겐 모두 다 괜찮으니 일단 쓰라고 말씀드립니다.

블로그가 성장하고 이웃이 늘어가면서 글이 쌓이다 보면, 방향성을 잡고 주제를 정하는 시점은 필연적으로 다가옵니다. 그 시기에는 중구난방으로 두서없는 글을 쓰면 안 되겠죠? 하지만 나의 가벼운 일상 글을 쓰더라도 얼마든지 내 블로그 주제와 연결시켜 글을 쓸 수 있습니다. 또 주제와 상관없는 글이 때로는 이웃과 진하게 소통할 수 있고 공감할 수 있는 매개체가 되기도 합니다.

하나의 주제로 썼을 때 블로그가 빠르게 성장한다는 것은 부인하지 않겠습니다. 하지만 블로그를 키우자고 내가 숨이 막힐 지경이 되어서는 안 됩니다. 마음껏 나의 이야기를 더 꺼내어보세요. 하나의 주제로만 써야 한다는 것은 강박일지도 모릅니다. 내 블로그니까요. 그래도 괜찮습니다. 오히려 네이버 블로그는 2~3개의 주제를 선호합니다. (일상 + 특정 주제 1~2개)

질문 10

온라인에서 진정한 소통이 가능한가요?

커뮤니티에 조인하고 내 글을 블로그에 올리기 시작하면 하나둘 댓글이 달리기 시작합니다. 또 함께 프로젝트를 하는 많은 사람들의 새 글이 많이 올라오기도 하지요. 왠지 의무감에 인사를 남겨야만 할 것 같고 잘 읽었다는 댓글을 성의껏 남겨야 할 것 같은 기분이 듭니다.

처음엔 이런 소통이 반갑고 좋기만 했는데 글을 읽고 댓글을 남겨야 하는 블로그 이웃이 많아지면서 고민이 시작됩니다. 진심 어린 댓글을 남기고 싶은데, 그러려면 시간이 오래 걸리거든요. 내 글만 쓰려고 모르는 척하자니 내가 이기적인 것 같은 기분에 불편해지기도 합니다. 그렇다고 복붙 댓글만큼은 안 하고 싶은데, 어떻게 해야 할까요?

온라인에서의 소통도 결국 사람과 사람이 주고받는 인사이자 메시지입니다. 일상 속 소통은 어떤지 돌아볼까요?

주중에 생활하면서 다양한 사람들을 일부러 찾아다니며 많이 만나고 모두와 깊은 이야기를 나누시나요? 물론 외향적인 사람은 많은 사람들과 대화를 나눌 수 있을 것입니다. 하지만 그들 모두와 동등한 깊이와 마음으로 진심을 나누는 것은 어려운 일입니다.

한편, 내향적인 사람은 너무 많은 사람과 대화를 나누면 에너지가 소진되고 피로감을 느낍니다. 그래서 사람들과 만나는 횟수를 줄이는 노력을 기울이기도 하지요. 온라인의 소통도 그와 다르지 않습니다.

내가 편하고 즐겁다면, 시간적으로 부담되지 않는다면 얼마든지 댓글을 남기고 인사를 주고받는 소소한 기쁨을 누리면 됩니다. 하지만 그 과정이 힘들다면, 무리해서 애쓰지 않아도 괜찮다고 말해드리고 싶습니다.

그렇다고 해서 온라인에서의 소통이 그럴듯한 인사만 나누는 형식적인 겉치레라고 할 수는 없습니다. 때로는 글 기반의 소통이기 때문에, 오히려 직접 만나 말로 하기 힘든 마음속 깊은 이야기와 삶에 대한 철학을 나누는 수단이 되기도 합니다.

블로그에서 보이는 모습이 그 사람의 전부는 아닐 겁니다. 글에 쓰여지는 모습도 있고 아닌 것도 있습니다. 직접 만날 때도 다르지 않습니다. 내가 아는 모습이 있지만, 여전히 상대에 대해 다 알지 못하는 부분도 있기 마련인걸요.

블로그의 소통은 익명성을 기반으로 한 커뮤니티 게시글이나 수백 명이 함께 대화하는 오픈채팅방의 성격과 많이 다릅니다. 내 얼굴, 내 블로그 운영 주제에 따라 관련된 나의 일상 속 일부분을 고스란히 올리기도 합니다.

"온라인은 가짜야"라는 이야기는 익명성을 기반으로 나누는 소통일 때를 말합니다. 블로그는 본명이 아닌 닉네임을 기반으로 활동하지만, 나라는 사람을 거짓으로 만들어내진 않습니다. 내가 가진 정체성 또는 앞으로 가지고 싶은 정체성의 일부분을 블로그 페르소나로 가져와 온라인에서 소통한다고 이해하면 어떨까요?

오프라인 속 나는 일상 속에서 엄마, 직장인, 선후배, 딸처럼 다양한 역할을 가지고 살아갑니다. 블로그 페르소나도 내가 가진 모습 중 일부분입니다. 온라인에서 활동하고 있다는 것이 조금 다를 뿐이지요. 진정성 있는 글을 쓰고 대화를 시도한다면 온라인에서도 사람들과 의미있는 소통을 이어갈 수 있습니다.

인생을
바꾸고 싶다면
블로그를
해야만 합니다

4년 전 이맘 때였습니다. 겨울의 차가운 공기는 코끝에 여전했지만 계절은 겨울을 통과하여 봄으로 향하던 2월의 어느 날이었습니다. 빠른 걸음을 옮기면 코트 안에 받쳐 입은 니트 안쪽이 금방 따뜻해져 추위도 잊은 채 익선동 골목길 곳곳을 누볐습니다. 정겨운 골목길에 즐비한 상점들이 있는 풍경을 휴대폰으로 부지런히 기록하며 웃음이 터져나왔습니다.

새해 새로운 프로젝트의 시작을 위해 떠난 4명의 첫 번째 워크숍 날이었습니다. 익선동에서 혜화역으로 이동해 오후 시간을 보내고 늦은 저녁이 다 되어 예약해둔 숙소에 들어왔습니다. 숙소 거실에 앉아 문구점에서 산 커다란 2절 스케치북을 펼쳤습니다. 하얀 도화지를 배경으로 새로운 프로젝트 기획회의를 이어갔지요.

로미의 리드로 신은영 작가, 주얼송, 윤담은 새하얀 도화지에 하나둘 글자를 채우기 시작했습니다. 그 늦은 밤 4명이 함께 써내려간 단어 하나하나가 모여 지금까지 이어온 블로그 프로젝트의 시작점이 되었습니다.

새 프로젝트를 준비하며 수없이 많이 만나고 헤어지기를 반복하며 회의를 했습니다. 강의를 운영하며 빈틈없이 빼곡했던 줌미팅과 회의, 코칭과 피드백을 하는 시간은 결코 만만치 않았어요. 그럼에도 멈추지 않고 이어올 수 있었던 것은 어쩌면 소녀처럼 웃고 떠들었던 그날의 기억 덕분일지도 모르겠습니다.

**"참여해보기 전엔 몰랐어요.
어떻게 이렇게 많은 것을 해주시나요?"**

리블로그는 '맞춤형 개별 코칭'과 '매일 포스팅 피드백'이 차별화 포인트였던 만큼 수강생분들을 위해 노력하고 공들이는 시간이 무척이나 많은 프로젝트였습니다.

리블로그에 참여하는 분들마다 이렇게나 많은 노력과 시간을 들이는 줄 몰랐다며, 이렇게 운영해선 남는 것이 없을 것 같은데 어떻게 지속할 수 있냐며 신기해했습니다.

리블로그를 시작할 때 처음부터 결과를 생각했더라면 어땠을까요? 수익성과 효율을 따져 운영했다면 어땠을까요? 호기롭게 프로젝트를 시작할 수는 있었을 겁니다. 하지만 생각 이상으로 많이 투입되는 노력에 지치고 말았을 거예요. 분명 제풀에 꺾이고 말았을 겁니다.

시작이 절반이라는 말이 있지요. 시작이 절반이라면 나머지 절반은 지속하는 것에 있는 것 같습니다. 강의 그 자체가 목적은 아니었습니다. 경험을 쌓고 알고 있는 것을 사람들과 나누며 함께 성장하는 과정 그 자체에 즐거움이 있었고 의미가 있었습니다.

이 책에 나오는 블로그 이야기도 다르지 않습니다.

블로그의 성장 그 자체를 목적으로 생각하고 성과를 내자는 이야기를 하는 것이 아닙니다. 블로그는 기록을 위한 수단이자 나를 새로운 곳으로 연결시켜줄 도구인 셈이지요.

블로그에 담겨야 하는 것은 내가 노력하고 애쓰며 성장하는 모습이어야 합니다. 그 과정이 기록으로 쌓일 때 새로운 일로 전환을 할 수 있게 됩니다. 우리가 그랬던 것처럼 이 글을 읽는 독자에게도 블로그가 새로운 일의 시작점이자 도화선이 되어줄 것입니다.

리블로그 수강생에게 "블로그를 하고 강의를 하는 목적이 무엇인지?" 알고 싶다는 질문을 받은 적이 많습니다. 그때마다 명확한 답을 하지 못했던 것 같아요.

4주 과정을 마치고 한참 시간이 흐른 뒤 어느 날 블로그 댓글에 안부 인사가 올라왔습니다. 블로그에는 유용한 정보와 사람들의 이목을 끄는 인기 콘텐츠만 담겨야 하는 줄 알았는데, 리블로그 과정에 참여하면서 그것이 전부가 아니라는 것을 알 수 있었다고요.

내 생각이 담겨야 한다는 것의 의미를 이제는 알겠고, 그때 그것을 알려주어 감사하게 생각한다고 적혀 있었습니다. 강의를 들은 지 거의 1년이 지난 후의 인사였기에 더 큰 감동을 받았습니다.

블로그를 하는 목적이 무엇인지, 블로그 강의는 왜 하는지, 시간이 많이 흘렀지만 그동안의 경험이 한 권의 책으로 정리된 지금, 이제야 답을 드릴 수 있을 것 같습니다. 시간이 흘러 전해진 우리의 메시지, 감사를 잊지 않았던 바로 그 마음이 존재했기 때문이라고요.

이 글을 쓰는 내가 대단한 성과를 만들어낸 사람이 아님에도 불구하고 이러한 연결을 만들 수 있었던 것은 블로그에 글을 쓰고 기록을 쌓아온 덕분입니다.

블로그를 멈추지 않고 지속할 수 있다면 새로운 나를 만나게 됩니다. 취향이 맞고 뜻이 통하는 새로운 사람들과 연결이 이루어집니다.

블로그는 지금껏 내가 알지 못했던 또 다른 것으로 연결시켜주는 징검다리가 될 것입니다. 블로그를 통해 새로운 일을 찾아가는 과정, 저희와 함께 해보시겠어요?

이미 반짝반짝 빛나고 있을 당신을 기다리고 있겠습니다.

블로그 글쓰기는
어떻게 삶의 무기가 되는가

1판 1쇄 발행 2024년 4월 4일
1판 3쇄 발행 2024년 6월 25일

지은이 로미, 신은영, 윤담, 주얼송
발행인 김태웅
기획편집 이미순, 박지혜, 이슬기
표지디자인 섬세한 곰 　　　　　　**본문디자인** 호우인
마케팅 총괄 김철영 　　　　　　**마케팅** 서재욱, 오승수
온라인 마케팅 하유진 　　　　　**인터넷 관리** 김상규
제작 현대순 　　　　　　　　　**총무** 윤선미, 안서현, 지이슬
관리 김훈희, 이국희, 김승훈, 최국호

발행처 ㈜동양북스
등록 제2014-000055호
주소 서울시 마포구 동교로22길 14(04030)
구입 문의 (02)337-1737 **팩스** (02)334-6624
내용 문의 (02)337-1763 **이메일** dymg98@naver.com

ISBN 979-11-7210-010-0 03190